N204
通航系列出版物

# THE SHIP'S ROUTEING AND REPORTING SYSTEM IN CHINA'S COASTAL AND INLAND WATERS

# 中国沿海内河水域船舶定线制和报告制

中华人民共和国海事局

人民交通出版社

**图书在版编目（CIP）数据**

中国沿海内河水域船舶定线制和报告制/中华人民共和国海事局编.—北京：人民交通出版社，2007.1
ISBN 978-7-114-06351-0

Ⅰ.中… Ⅱ.中… Ⅲ.内河航行-航道定线-中国-汉、英 Ⅳ.U692.3

中国版本图书馆 CIP 数据核字(2006)第155133号

**书　　名：中国沿海内河水域船舶定线制和报告制**
**著 作 者：**中华人民共和国海事局
**责任编辑：**钱悦良
**出版发行：**人民交通出版社
**地　　址：**(100011)北京市朝阳区安定门外外馆斜街3号
**网　　址：**http://www.chinasybook.com
**销售电话：**(010)64981400,64960094
**总 经 销：**北京中交盛世书刊有限公司
**经　　销：**人民交通出版社交实书店
**印　　刷：**中国电影出版社印刷厂
**开　　本：**880×1230　1/16
**印　　张：**6.5
**插　　页：**3
**字　　数：**182千
**版　　次：**2007年2月第1版
**印　　次：**2007年2月第1次印刷
**书　　号：**ISBN 978-7-114-06351-0
**印　　数：**0001-3000册
**定　　价：**65.00元

# 序 言

*Xuyan*

在贸易国际化、经济全球化的今天，航运在各国经济发展和世界贸易中发挥的作用日显重要。在我国，航行于沿海的各类船舶有上百万艘，港口吞吐量多年稳居世界第一，内河航运也十分繁忙，已成为名副其实的航运大国和港口大国。随着各类水上活动的增加，航海者获得及时有效的航行信息的需求也越来越迫切。中国海事局代表政府履行水上交通安全管理和防止船舶污染的公共管理和社会服务职能，为更好地体现为航海者服务和促进沿海地方经济健康发展的理念，履行沿岸国政府保证船舶使用有效的官方航海图书资料的义务，向船公司、船员和其他相关人员提供系统的航行安全指导资料，中国海事局组织编写了中国沿海内河水域通航系列出版物，并将根据需要陆续完善，定期更新。

该系列出版物详实反映我国沿海内河水域通航环境现状，提供现行有效的各种航行安全指导资料，供船舶配备，同时也可作为地方决策者进行港口规划建设及合理开发海洋资源的参考资料。

"十一五"期间，我国经济将得到又好又快的发展，海事管理也将达到中等发达国家水平，为航海者提供优质服务和促进国民经济健康发展是海事人的长远追求。我相信，中国沿海内河水域通航系列出版物的出版，必将对保证水上安全畅通，促进航运和经济发展起到积极的促进作用。

中华人民共和国海事局常务副局长

2006 年 12 月

# 编写说明

*Bianxieshuoming*

船舶定线制,作为国际上被广泛应用的船舶交通管理措施,在规范船舶交通流,保障船舶航行安全,提高交通效率方面起着非常重要的作用。截止2005年,经国际海事组织(IMO)通过的分道通航制140多个,其他定线制及报告制突破100个。

我国的船舶定线制的研究与应用起步并不晚。交通部早在1978年就制定并实施了北方沿海定线制。近年来,我国加快了船舶定线制的研究和应用,取得明显成效。1999年,《成山角水域船舶定线制规定》经IMO海上安全委员会第72届大会审议通过,已于2000年12月1日起施行。《珠江口水域船舶定线制》于2004年6月1日起施行,《老铁山水道船舶定线制》于2006年6月1日起施行,《琼州海峡船舶定线制》于2007年1月1日起施行。与此同时,我国积极将海上船舶定线制理念引入内河水域,长江干线水域以实施船舶定线制为主要手段的航路改革得到迅猛发展,2003年以来,实施了《长江江苏段船舶定线制》、《长江上海段船舶定线制》、《长江三峡库区船舶定线制》和《长江安徽段船舶定线制》。上述船舶定线制在提高我国通航密集水域的交通效率,保障船舶航行安全方面发挥着越来越重要的作用。目前,渤海湾水域、台湾海峡等重要水域的船舶定线制正在研究规划中;2006年8月,国务院公布的《安全生产"十一五"规划》中明确要"在沿海、内河等重点水域建立船舶定线制"。

为了推动我国海事主管机关对船舶定线制的研究和实施工作,方便航运企业、船员更好地掌握和执行我国已经实施的船舶定线制,我们汇编了目前已经生效施行的船舶定线制及其报告制等有关规定。相信,在各方努力下,我国的船舶定线制工作将有新的突破,将陆续出台一系列的船舶定线制,并充分利用IMO成员国的有关权利,通过IMO将这些定线制措施国际化,进一步促进我国航运事业的发展。

本书在编写过程中,一直得到了各相关海事局的大力支持。参加本书审校的有郑和平、宋溱、胡锡润、马中和、何铁华、杨善利、沈建南、何伟雄等,在此一并向他们表示感谢。

由于编写时间较短,编写水平有限,本书内容难免有遗漏、错误之处,敬请大家批评指正,有关内容、格式、示意图等方面不如意之处诚请大家提出意见和建议。

编者

2006年12月

# 目 录

*Mulu*

# 大连港大三山水道通航分隔制*

**第一条** 为加强港口交通管制，保障船舶航行安全，凡通过大三山水道的中国籍船舶和外国籍船舶，均应遵守本通航分隔制。

**第二条** 大三山水道设分隔带和分隔线。

分隔带宽度为0.3海里，自分隔带中心线起东、西各0.15海里。以下经纬度坐标为分隔带中心线起讫点：

(1)38°51′00″N　121°46′12″E

(2)38°54′24″N　121°46′12″E

以下经纬度坐标为分隔线起讫点：

(3)38°55′00″N　121°46′12″E

(4)38°57′00″N　121°46′12″E

**第三条** 分隔带和分隔线两侧为通航分道；在分隔带两侧的通航分道以外设沿岸通航带，仅允许小型船舶（总长小于20米的船舶）航行。以下经纬度坐标间的联线为通航分道与沿岸通航带的分界线：

1. 东分界线

(5)38°51′00″N　121°48′30″E

(6)38°54′24″N　121°48′00″E

2. 西分界线

(7)38°54′24″N　121°44′00″E

(8)38°52′57″N　121°44′00″E

(9)38°51′00″N　121°43′00″E

**第四条** 分隔带中心线北端点（38°54′27″N，121°46′12″E）设分支汇合标$H_1$（上有雾笛和雷达应答器），以该标为中心，0.6海里为半径的北半圆水域未警戒区，船舶在该水域内航行，必须特别加强瞭望，谨慎避让交叉会遇的船舶。

**第五条** 船舶进入大三山水道，应立即打开甚高频无线电话向大连港务监督报告，并始终保持联络畅通。

**第六条** 船舶通过大三山水道，必须在相应的通航分道内沿船舶总流向（图中箭头所示方向）行驶，不得进入分隔带或超过分隔带、分隔线。如遇紧迫危险，不得不进入分隔带或越过分隔带、分隔线时，应尽快驶回原通航分道，以免妨碍对驶船舶的安全航行。

**第七条** 船舶通常应在端部进出通航分道，如从通航分道两侧进出，必须与该通航分道的船舶总流向成尽量小的角度。

**第八条** 沿通航分道进港直接驶往大港区方向的船舶，经警戒区驶入大港主航道；沿通航分道进港直接驶往甘井子、香炉礁码头的船舶，沿船舶总流向驶近$H_2$灯浮（38°57′21″N，121°46′12″E）时转向，驶入甘井子航道；离甘井子、香炉礁码头出港的船舶，亦应在驶近$H_2$灯浮时转向，沿船舶总流向出港。

**第九条** 船舶直接驶入大港区、寺儿沟区或驶往分隔线以西之货轮检疫锚地时，白天应垂直悬挂代

---

*** 本通航分隔制由交通部水上安全监督局水监字[1983]153号文件，1983年10月26日发布，1984年2月1日起施行。**

1 和 W 旗各一面，夜间应垂直显示白、红环照灯各一盏。

**第十条**　小型船舶驶往或驶离大连湾方向，应走东侧沿岸通航带；驶往或驶离黑嘴子、香炉礁方向，应走西侧沿岸通航带。如在通航分道航行，则应遵守本通航分隔制。

**第十一条**　对于航行大三山水道的船舶，本通航分隔制各条并不免除《1972 年国际海上避碰规则》所规定的各项责任和义务。

**第十二条**　实行大三山水道通航分隔制的水域内及其南端附近水域，严禁船舶锚泊或进行渔捞、养殖作业。

**第十三条**　凡违反通航分隔制者，大连港务监督可视其行为的情节、性质，分别给予警告、罚款或吊销证书等处分。

**第十四条**　本通航分隔制自 1984 年 2 月 1 日起施行，大连港务监督 1978 年 10 月 10 日颁布的《船舶通过大三山水道航行办法》同时废止。

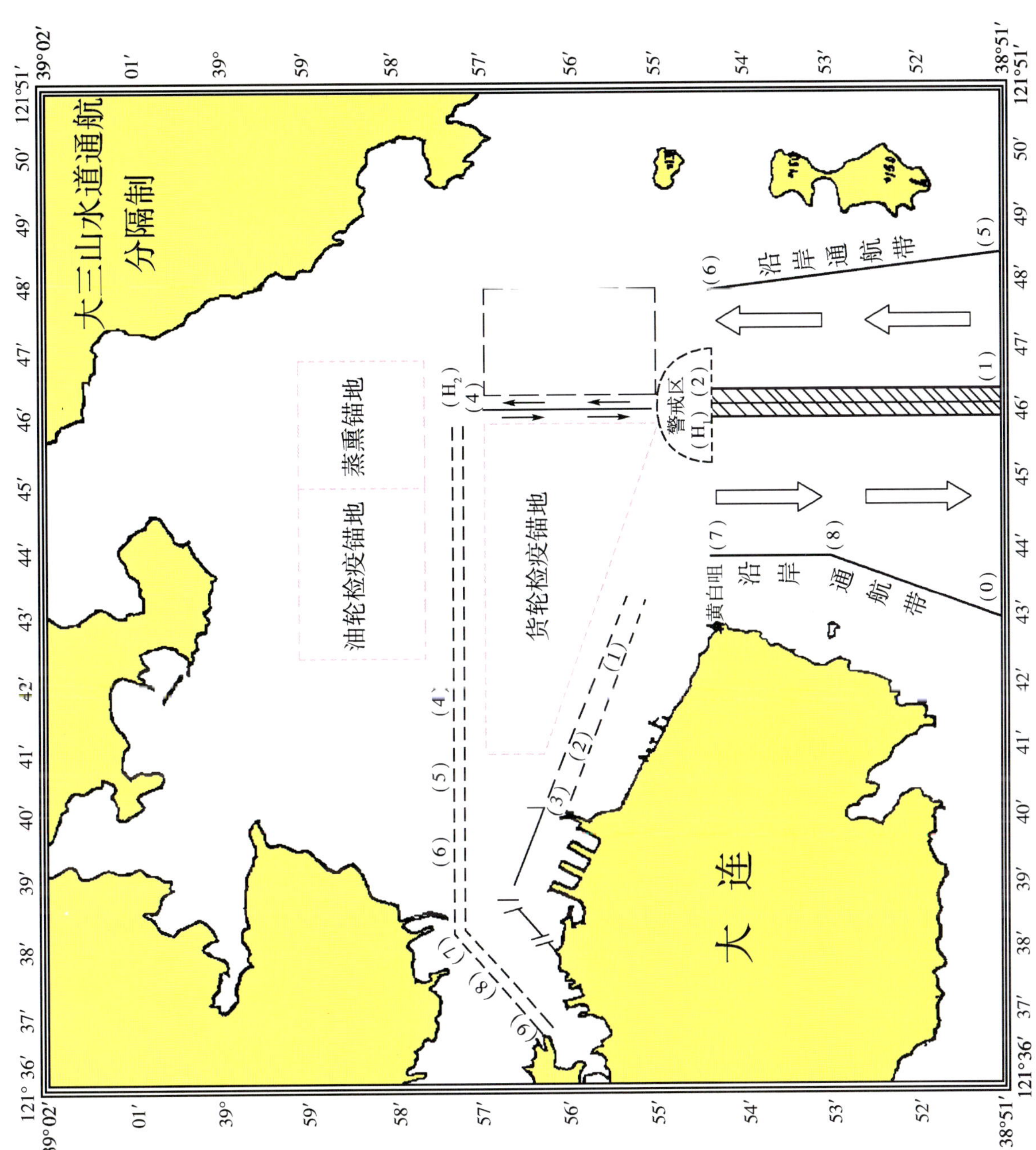
大三山水道通航分隔制
油轮检疫锚地
蒸熏锚地
货轮检疫锚地
警戒区
沿岸通航带
沿岸通航带
黄白咀
大连

# 老铁山水道船舶定线制*

（参考海图：中文版海图 11910、10011、11010、11300、10116、10112 等。）

1. 分隔带

1.1 分隔带为以下列地理位置的连线为中心线，长 9 海里，宽 1 海里的水域：

1.1.1 38°34′.30N 120°55′.90E

1.1.2 38°29′.80N 121°05′.90E

2. 通航分道

2.1 分道通航制的北边界线为下列地理位置的连线：

2.1.1 38°36′.70N 120°57′.60E

2.1.2 38°32′.20N 121°07′.60E

2.2 分道通航制的南边界线为下列地理位置的连线：

2.2.1 38°31′.90N 120°54′.10E

2.2.2 38°27′.50N 121°04′.10E

2.3 西行船舶通航分道为分隔带与分道通航制北边界线之间的水域，长为 9 海里，宽为 2.25 海里；船舶主流向为 300°（真航向）。

2.4 东行船舶通航分道为分隔带与分道通航制南边界线之间的水域，长为 9 海里，宽为 2.25 海里；船舶主流向为 120°（真航向）。

3. 警戒区

警戒区为以 38°36′.40N，120°51′.30E 的地理位置为中心，半径 5 海里的水域。

4. 特别规定

4.1 使用老铁山水道定线制的船舶均应遵守本定线制。

4.2 船舶使用老铁山水道定线制，应遵守《1972 年国际海上避碰规则》第二章第十条的规定。

4.3 船舶使用老铁山水道定线制，应在 VHF10、VHF16 频道守听，并遵守《中华人民共和国大连海事局船舶交通管理系统安全监督管理规定》的有关规定。

4.4 船舶使用老铁山水道定线制，不应穿越通航分道，如需穿越，必须提前向大连船舶交管中心报告，得到许可后，方可穿越。

4.5 船舶在警戒区域内及驶入和驶出警戒区域应特别谨慎航行，并运用良好的船艺。

4.6 船舶违反本规定，由主管机关依据相关法律法规，对当事船舶及相关人员进行处理。

---

* 本定线制由交通部公告 2006 年第 10 号发布，2006 年 6 月 1 日起施行。

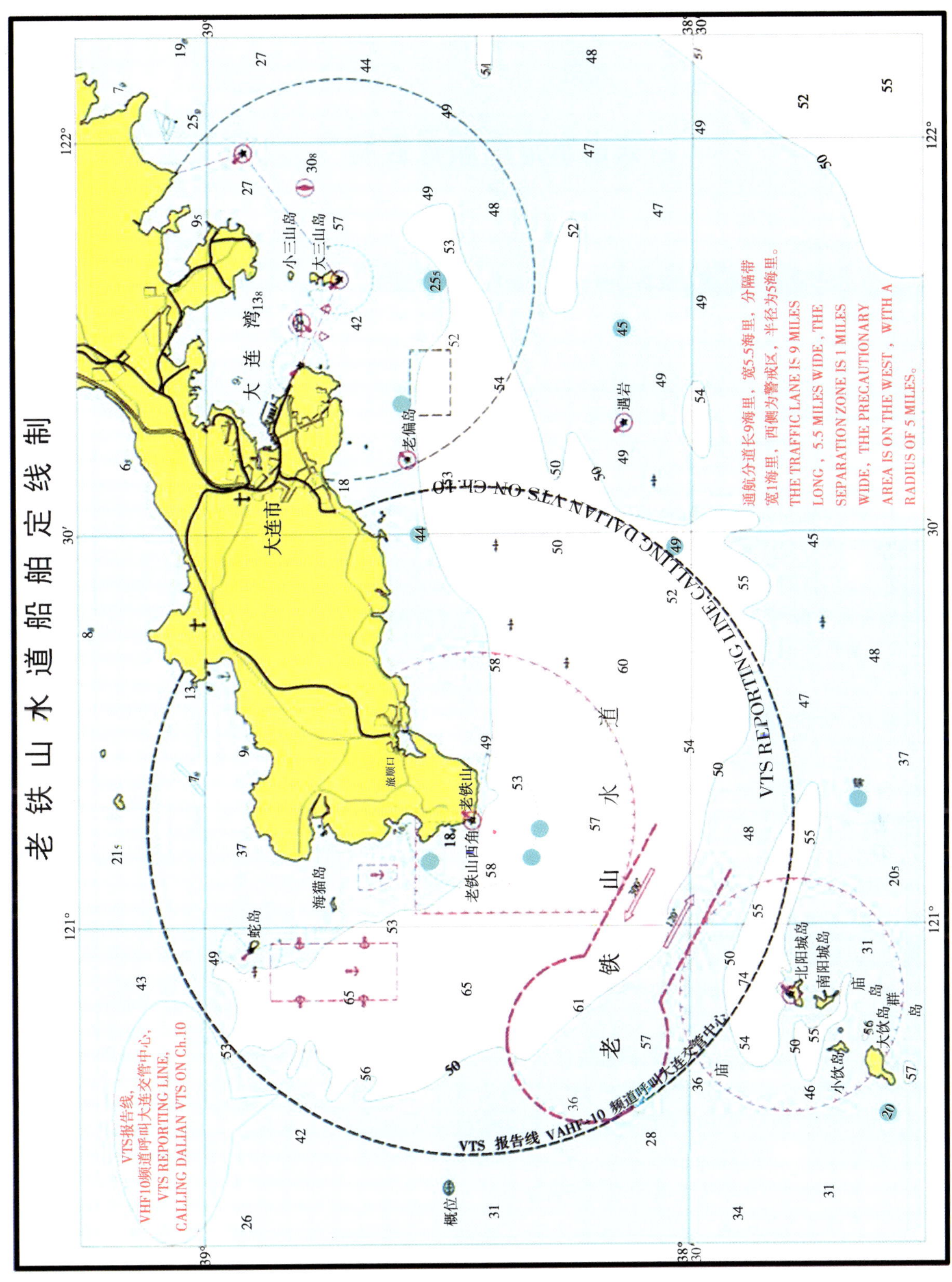

老铁山水道船舶定线制
大连湾
大连市
小三山岛
大三山岛
老偏岛
遇岩
老铁山
老铁山西角
海猫岛
蛇岛
北阳城岛
南阳城岛
庙岛群岛
大钦岛
小钦岛
老铁山水道
通航分道长9海里，宽5.5海里，分隔带宽1海里，西侧为警戒区，半径为5海里。
THE TRAFFIC LANE IS 9 MILES LONG，5.5 MILES WIDE，THE SEPARATION ZONE IS 1 MILES WIDE，THE PRECAUTIONARY AREA IS ON THE WEST，WITH A RADIUS OF 5 MILES。
VTS REPORTING LINE,CALLING DALIAN VTS ON CH 10
VTS 报告线 VAHF-10 频道呼叫大连交管中心
VTS报告线，VHF10频道呼叫大连交管中心，
VTS REPORTING LINE，CALLING DALIAN VTS ON Ch.10

# 老铁山水道船舶报告制 *

1. 适用船舶

适用于使用老铁山水道定线制并符合以下条件的任何船舶：

1.1　客船；

1.2　300 总吨及以上的其他船舶；

1.3　300 总吨以下自愿加入本报告制的船舶。

2. 适用的地理范围及相关海图的编号及版本

2.1　适用的地理范围为以老铁山灯塔(38°43′37″N/121°08′02″E)为中心，半径 20 海里以内的水域。

2.2　相关海图：中文版海图 11910、10011、11010、11300、10116、10112 等。

3. 报告格式、报告内容、报告要求

3.1　报告格式

本船舶报告制格式采用 IMO A.851(20)号大会决议附则中所规定的格式。

3.2　报告内容

A　船名、呼号和海上移动业务识别码(若适用)

C 或 D　位置(经纬度或相对于陆标的位置)

E　航向

F　航速

G　始发港

I　目的港

O　缺陷及限制(拖船应报告其拖带长度及被拖物名称)

U　总长及总吨

3.3　报告要求

3.3.1　船舶进入船舶报告制水域时除应报告 3.2 项中的信息外还应向大连船舶交管中心报告船舶国籍和船舶类型。

3.3.2　船舶驶离报告水域时，应报告船名。

3.3.3　在报告水域内发生水上交通事故或污染事故时，船舶应立即报告事故的种类、时间、地点、损害或污染的程度以及是否需要援助，并应按照主管机关的要求提供与事故有关的其他信息。

4. 主管机关、受理报告机关

4.1　主管机关为中华人民共和国辽宁海事局。

4.2　受理报告机关为“大连船舶交管中心”。

5. 向船舶提供的信息

大连船舶交管中心视情况为参加报告制的船舶提供诸如船舶交通、异常天气情况及海上安全等信息。

---

* 本报告制由交通部公告 2006 年第 10 号发布，2006 年 6 月 1 日起施行。

6. 报告制要求的呼叫频道和报告制使用的语言

6.1 大连船舶交管中心的呼叫频道为 VHF10。

6.2 报告制所用语言为汉语普通话或英语，无线电话通信应采用航海通信规定格式。

7. 支持报告制运行的岸基设施

7.1 大连船舶交管中心的系统组成有：雷达系统、VHF 通信系统、信息处理及显示系统、信息传输、记录/重放系统及气象传感系统。其功能有：数据收集、数据评估与处理、信息提供、交通组织、助航服务、支持联合行动。

7.2 大连船舶交管中心保持 24 小时不间断值班。

8. 特别规定

8.1 船舶使用老铁山水道船舶定线制，应在 VHF10、VHF16 频道守听，并遵守《中华人民共和国大连海事局船舶交通管理系统安全监督管理规定》的有关规定。

8.2 船舶使用老铁山水道定线制，不应穿越通航分道，如需穿越，必须提前向大连船舶交管中心报告，得到许可后，方可穿越。

8.3 对不遵守本报告制的船舶，主管机关依据有关法律法规进行处罚。

# 成山角水域船舶定线制 *

(参考海图:中国版海图第 9701、9304 和 9305。注:这些海图基于(WGS84)数据)

成山角水域船舶定线制由分道通航制、沿岸通航带和警戒区组成。

1. 分道通航制

1.1 分隔带以下列地理位置的连线为中心线,宽度为 2 海里的水域:

(1)37°31′.18N 122°45′.40E

(2)37°25′.29N 122°49′.68E

(3)37°11′.60N 122°49′.68E

1.2 分道通航制的内界线为下列地理位置的连线:

(4)37°29′.69N 122°42′.13E

(5)37°24′.49N 122°45′.91E

(6)37°11′.60N 122°45′.91E

1.3 分道通航制的外边界线为下列地理位置的连线:

(7)37°32′.69N 122°48′.68E

(8)37°26′.09N 122°53′.46E

(9)37°11′.60N 122°53′.46E

1.4 北行船舶通航分道为分隔带与分道通航制外边界线之间的水域,宽为 2 海里;主交通流为 000°(真方向)和 330°(真方向)。

1.5 南行船舶通航分道为分隔带与分道通航制内边界线之间的水域,宽为 2 海里。主交通流为 150°(真方向)和 180°(真方向)。

2. 沿岸通航区

沿岸通航带为分道通航制的内界线与邻近海岸之间的水域。

3. 警戒区

警戒区以 37°34′.65N,122°42′.88E 的地理位置为中心,半径为 5 海里的水域。

---

* 本定线制由国际海事组织海上安全委员会 MSC.93(72)号决议(2000 年 5 月 19 日)通过,2000 年 12 月 1 日世界时 0 时起生效。

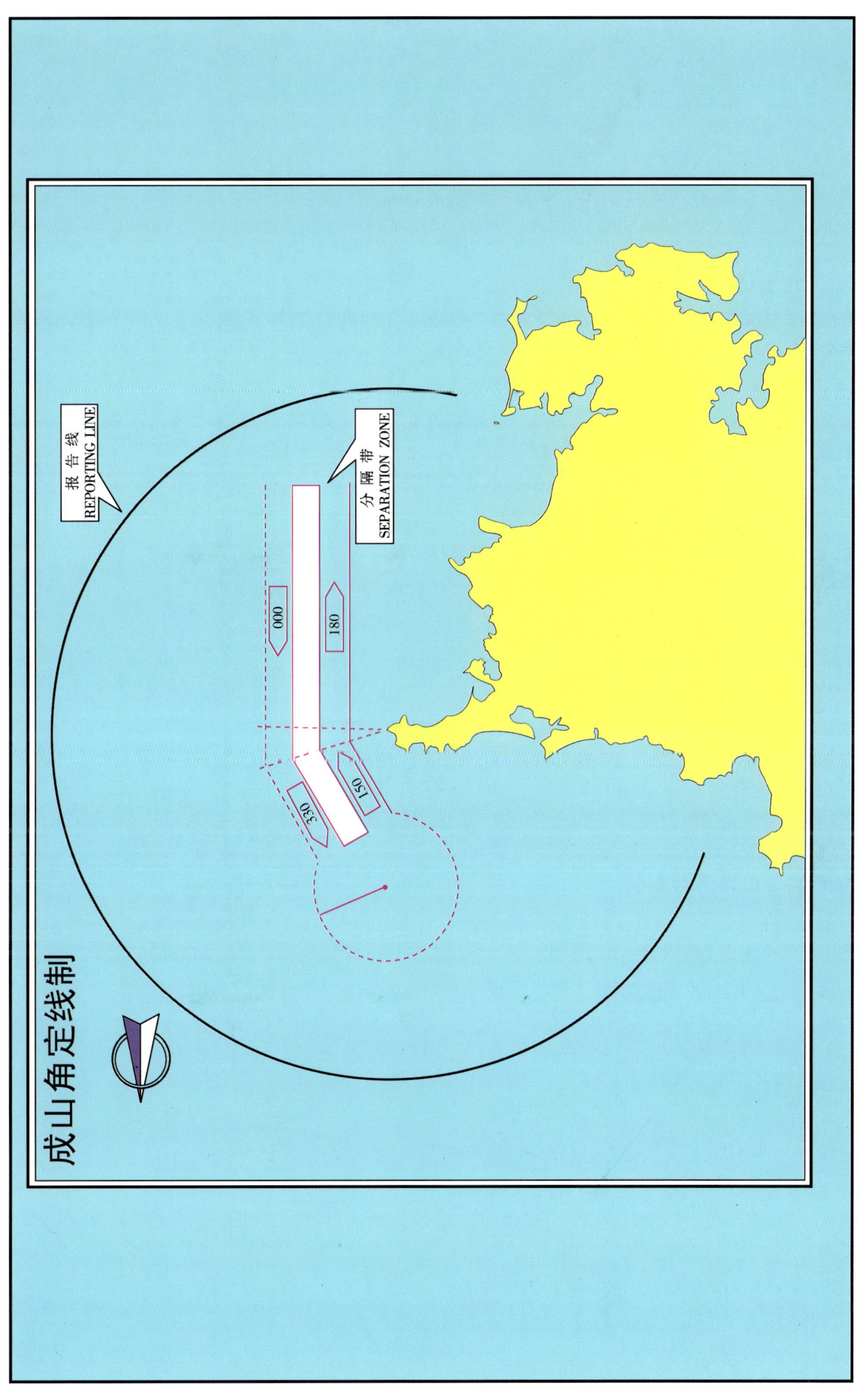
成山角定线制
报告线
REPORTING LINE
分隔带
SEPARATION ZONE
000
180
330
150

# 成山角水域强制性船舶报告制 *

1. 适用的船舶

要求参加该强制性船舶报告制的船舶:24 米及以上的渔船、300 总吨及以上的货船以及经修正的《1974 年国际海上人命安全公约》第 1 章规定的客船。

2. 适用的地理范围及相关海图的编号及版本

地理覆盖范围是以船舶交管中心(VTS, 地理位置为 37°23′.65N,122°42′.12E)为圆心,半径 24 海里的水域。

相关海图:中国版海图 9701、9304 和 9305 号。海图参照世界测量系统(WGS84)基准。

3. 报告格式、报告时间和位置,受理报告机关,可提供的服务

3.1 格式

船舶报告制格式采用 IMO A.851(20)号大会决议附则中所规定的格式。

A 船名、呼号和国际海事组织编码(若适用)

C 或 D 位置(纬度和经度或相对于陆标的位置)

E 航向

F 航速

G 始发港

I 目的港(可选)

Q 缺陷及限制(拖船应报告其拖带长度及被拖物名称)

U 总长及总吨

3.2 报告内容及地理位置

3.2.1 船舶进入船舶报告制水域内应报告 3.1 项中的信息;如船舶驶离该水域则不要求报告。

3.2.2 船舶驶离报告制水域内的港口时,应报告其船名、船位、驶离时间及目的港。

3.2.3 船舶抵达报告制水域内的港口或锚地时,应在靠泊后或抵达后报告其船名、船位和抵达时间。

3.2.4 在报告制水域内发生交通事故或污染事故时,船舶应立即报告事故的种类、时间、地点、损害或污染的程度以及是否需要援助,并应按照主管机关的要求提供与事故有关的其他信息。

3.3 主管机关

主管机关为中华人民共和国山东海事局,呼叫名称为“成山角 VTS 中心”。

4. 向船舶提供的信息及应遵守的程序

4.1 成山角 VTS 中心将视情况为参加报告制的船舶提供诸如冲突船舶交通、异常天气情况及海上安全等信息。

4.2 船舶应在 VTS 指定的频率上保持守听。

5. 报告制要求的无线电通信、发送报告的频率和应报告的信息

---

* 本强制性船舶报告制由国际海事组织海上安全委员会 MSC.93(72)号决议(2000 年 5 月 19 日)通过,于 2000 年 12 月 1 日世界时 0 时起生效。

5.1　成山角 VTS 中心的工作频道：

工作频道:8 频道或 9 频道

备用频道:65 频道

呼叫频道:16 频道

5.2　报告制所用语言为中文或英文。所有直接印字电报及无线电话通信,均应按规定格式采用航海通信用语。



6. 报告制水域内实施的规定和规则

为实施作为缔约国对其生效的国际公约,中国已采取了适当的措施,包括视情况进行了国内立法和通过国内法律颁布规章。实施的相关法律还包括履行《1972 年国际海上避碰规则》、《1974 年国际海上人命安全公约》及《73/78 防止船舶污染国际公约》等公约的国内立法及规定。

7. 支持报告制运行的岸基设施

7.1　成山角 VTS 中心的系统组成有:雷达系统、VHF 通信系统、VHF-DF 系统、信息处理和显示系统、信息传输、记录、重放系统及水文气象传感系统。其功能为:数据收集与评估、信息提供、助航服务、支持联合行动。

7.2　成山角 VTS 中心保持 24 小时不间断值班。

8. 岸基机关的通信设施发生故障时的替代通信手段

成山角 VTS 中心的每一个频道均为多接收器冗余设计。船岸通信替代方式为高频(单边带)、电传(传真)、电子邮件或移动电话。

9. 对未能遵守报告制的船舶应采取的措施

采取与国际法一致的适当措施确保报告制的实施。

# 长江口船舶定线制 *

长江口船舶定线制分为A、B、C三个区,各区由圆形警戒区和若干条分隔带或分隔线组成的通航分道组成。

**一、A区**

(一)警戒区

以A点(31°06′05″N,122°41′30″E)为圆心,2.5 n mile为半径的圆形水域。

(二)分隔带

自警戒区边缘线向外辐射的4条长度为10 n mile,宽度为0.5 n mile的矩形水域,各自位置以4点连线标示:

(A1)(1)31°18′28″N,122°40′49″E;
(2)31°08′31″N,122°40′49″E;
(3)31°18′28″N,122°41′18″E;
(4)31°08′34″N,122°41′18″E。

(A2)(9)31°15′35″N,122°50′30″E;
(10)31°08′06″N,122°43′10″E;
(11)31°15′14″N,122°51′00″E;
(12)31°07′48″N,122°43′36″E。

(A3)(16)31°06′17″N,122°44′26″E;
(17)31°06′17″N,122°55′48″E;
(18)31°05′50″N,122°44′26″E;
(19)31°05′50″N,122°55′48″E。

(A4)(22)31°04′11″N,122°43′24″E;
(24)31°03′55″N,122°42′55″E;
(25)30°56′05″N,122°49′48″E;
(27)30°55′49″N,122°49′21″E。

(三)通航分道

各分隔带两侧宽度为0.8 n mile,其边线与警戒区边缘线相接的水域,由分隔带分为进港和出港航道,航道边线各由两个坐标点连线组成:

A1通航分道(5)31°18′28″N,122°39′57″E;
(6)31°08′07″N,122°39′57″E;
(7)31°18′28″N,122°42′18″E;
(8)31°08′30″N,122°42′18″E。

A2通航分道(13)31°16′06″N,122°49′49″E;
(8)31°08′30″N,122°42′18″E;

---

* 本定线制由中华人民共和国海事局海通航[2001]792号文件于2001年12月30日批复。上海海事局沪海通航[2002]145号文件发布,于2002年9月1日起施行。

(15)31°14′44″N,122°51′42″E;
(14)31°07′08″N,122°44′11″E。

A3 通航分道(21)31°07′08″N,122°55′48″E;
(14)31°07′08″N,122°44′11″E;
(23)31°05′03″N,122°55′48″E;
(20)31°05′03″N,122°44′11″E。

A4 通航分道(29)30°56′33″N,122°50′33″E;
(26)31°04′48″N,122°44′01″E;
(31)30°55′22″N,122°48′33″E;
(28)31°03′36″N,122°42′04″E。



**二、B 区**

(一)警戒区

以 B 点(31°06′05″N,122°29′30″E)为圆心,1.2 n mile 为半径的圆形水域。

A 及 B 圆形警戒区中心点、长江口灯船及深水航槽 W4 点(31°06′05″.3N,122°18′19″.5E)位于同一直线上。

(二)分隔线

* ~~B1 航道分隔线为(38)、(41)两点连线组成;B2 航道分隔线为(35)、(32)两点连线组成。各点位置如下:~~

* ~~(B1)(38)31°06′05″N,122°21′27″E;~~

* ~~(41)31°06′05″N,122°28′04″E。~~

(B2)(35)31°06′05″N,122°30′52″E;
(32)31°06′05″N,122°38′39″E。

(三)通航分道

* ~~1. B1 通航分道~~

* ~~B1 航道分隔线两侧各 0.5 n mile 的水域,其北侧边线为(40)(31°06′38″N,122°21′27″E)与(43)(31°06′38″N,122°28′12″E)的两点连线;其南侧边缘线为(36)(31°05′33″N,122°21′27″E)与(39)(31°05′33″N,122°28′12″E)的两点连线。~~

2. B2 通航分道

B2 航道分隔线两侧各 0.5 n mile 的水域,其两侧边线与 A、B 警戒区边缘线相接。

**三、C 区**

(一)警戒区

以 C 点(31°00′00″N,122°29′30″E)为圆心,1.2 n mile 为半径的圆形水域。

(二)分隔线

5 条航道分隔线,各由两点坐标连成:

(C1)(34)31°01′12″N,122°29′30″E;
(37)31°04′52″N,122°29′30″E。

(C2)(33)31°00′36″N,122°30′42″E;
(30)31°04′48″N,122°39′04″E。

(C3)(45)30°58′52″N,122°29′54″E;

---

*** 根据交通部海事局海通航[2006]338 号文件,2006 年 8 月 2 日发布,长江口船舶定线制 B 区 B1 通航分道已经撤消。**

(42)30°51′20″N,122°32′58″E。

(C4)(47)30°59′04″N,122°28′33″E;

(44)30°53′00″N,122°22′30″E。

(C5)(49)31°00′18″N,122°28′06″E;

南漕灯船。

(三)通航分道

上述5条分隔线两侧各0.5 n mile水域为通航分道,其边线与各警戒区边缘线相接。

**四、锚地**

原长江口南、北锚地作如下调整:

1. 长江口1号锚地

以下列4点连线范围内的水域:

(1)31°10′24″N,122°33′00″E;

(2)31°10′24″N,122°37′00″E;

(3)31°07′15″N,122°30′00″E;

(4)31°07′15″N,122°37′00″E。

该锚地为国内航线船舶锚地,供候潮、待泊等使用。

2. 长江口2号锚地

以下述3点连线范围内水域:

(1)31°04′30″N,122°30′50″E;

(2)31°01′18″N,122°30′50″E;

(3)31°04′30″N,122°37′11″E。

该锚地供船舶候潮、待泊、避风等使用。

3. 长江口3号锚地

以下述4点连线范围内水域:

(1)31°00′00″N,122°30′54″E;

(2)30°56′39″N,122°31′30″E;

(3)30°59′00″N,122°37′00″E;

(4)31°03′00″N,122°37′00″E。

该锚地供船舶候潮、待泊、避风等使用。

**五、引航作业区**

实施长江口分道通航制后,增加2号引航作业区,并对原临时引航作业区位置及范围作如下调整:

1. 1号引航作业区

以下列4点连线范围内的区域:

(1)31°05′27″N,122°22′34″E;

(2)31°05′27″N,122°27′39″E;

(3)31°04′30″N,122°23′24″E;

(4)31°04′30″N,122°27′39″E。

2. 2号引航作业区

以下列4点连线范围内的区域:

(1)31°05′27″N,122°30′50″E;

(2)31°04′30″N,122°30′50″E;

(3)31°04′30″N,122°37′11″E;

(4)31°05′27″N,122°38′44″E。

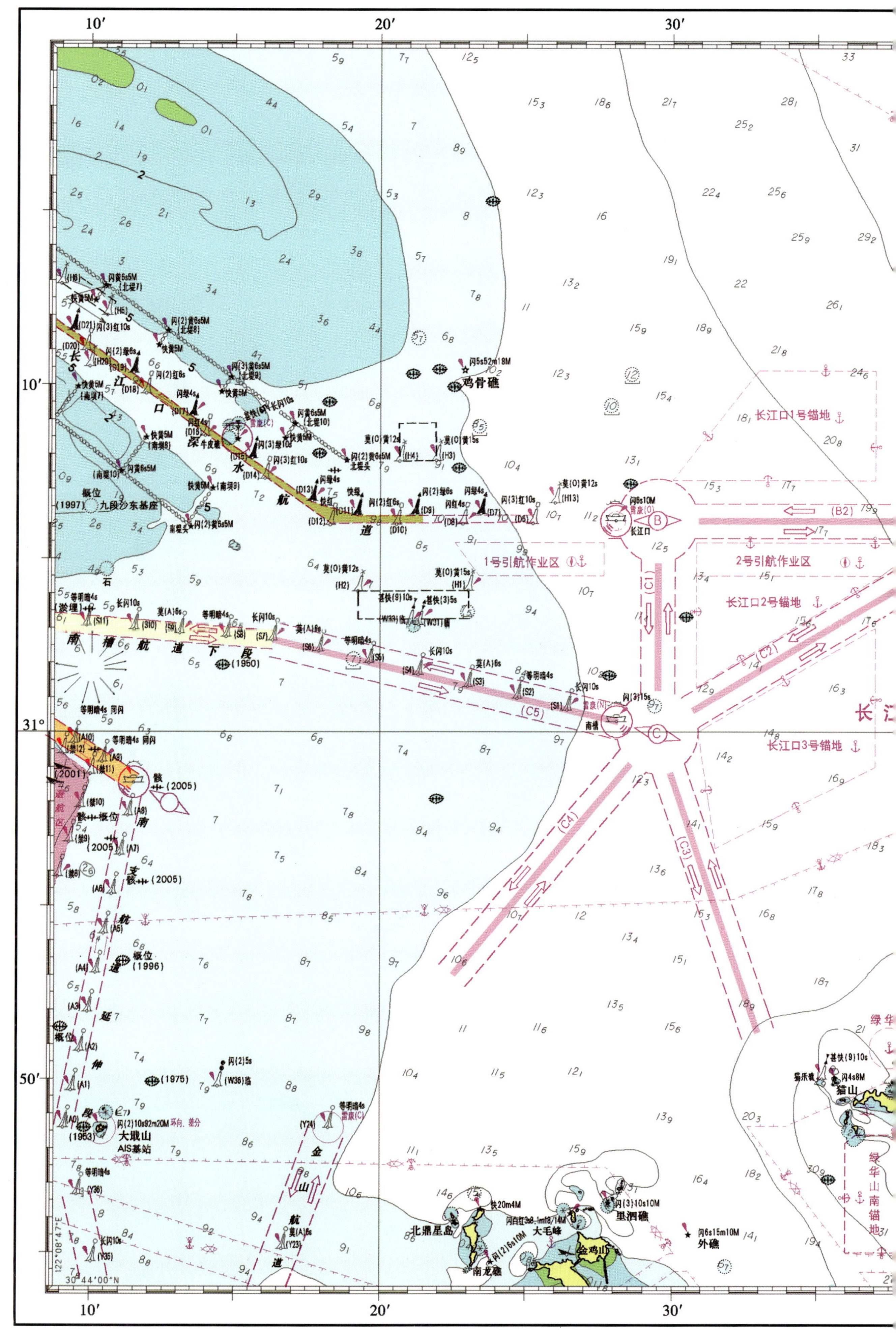

10′
20′
30′
31°
10′
50′
122°08′4.7″E
30°44′00″N
长江口深水航道
南槽航道下段
南支航道延伸段
金山航道
长江口1号锚地
长江口2号锚地
长江口3号锚地
1号引航作业区
2号引航作业区
绿华山南锚地
长江口
南槽
鸡骨礁
九段沙东基座
大戢山
AIS基站
北鼎星岛
南龙礁
大毛峰
金鸡山
里泗礁
外礁
猫山
猫爪礁
牛皮礁
北堤头
南堤头
避航区
(C1)
(C2)
(C3)
(C4)
(C5)
(B2)

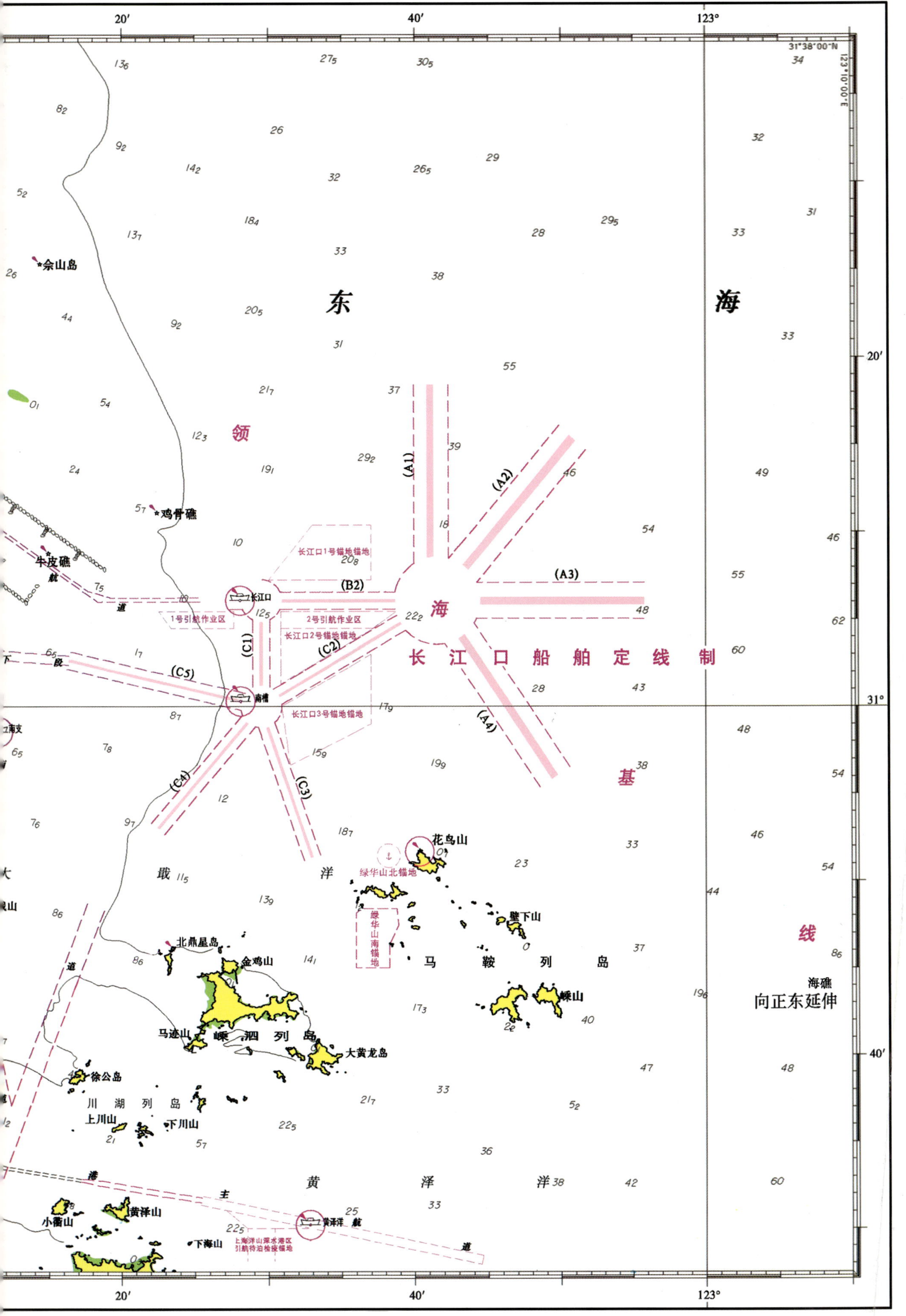

东
海
领
基
线
海礁
向正东延伸
长江口船舶定线制
海
(A1)
(A2)
(A3)
(A4)
(B2)
(C1)
(C2)
(C3)
(C4)
(C5)
长江口1号锚地锚地
长江口2号锚地锚地
长江口3号锚地锚地
1号引航作业区
2号引航作业区
长江口
南槽
绿华山北锚地
绿华山南锚地
花鸟山
壁下山
马鞍列岛
嵊山
嵊泗列岛
大黄龙岛
马迹山
金鸡山
北鼎星岛
徐公岛
川湖列岛
上川山
下川山
黄泽洋
主
航
道
港
黄泽山
小衢山
下海山
黄泽洋
上海洋山深水港区引航待泊检疫锚地
戢
洋
佘山岛
鸡骨礁
牛皮礁
31°38′00″N
123°10′00″E
20′
40′
123°
31°

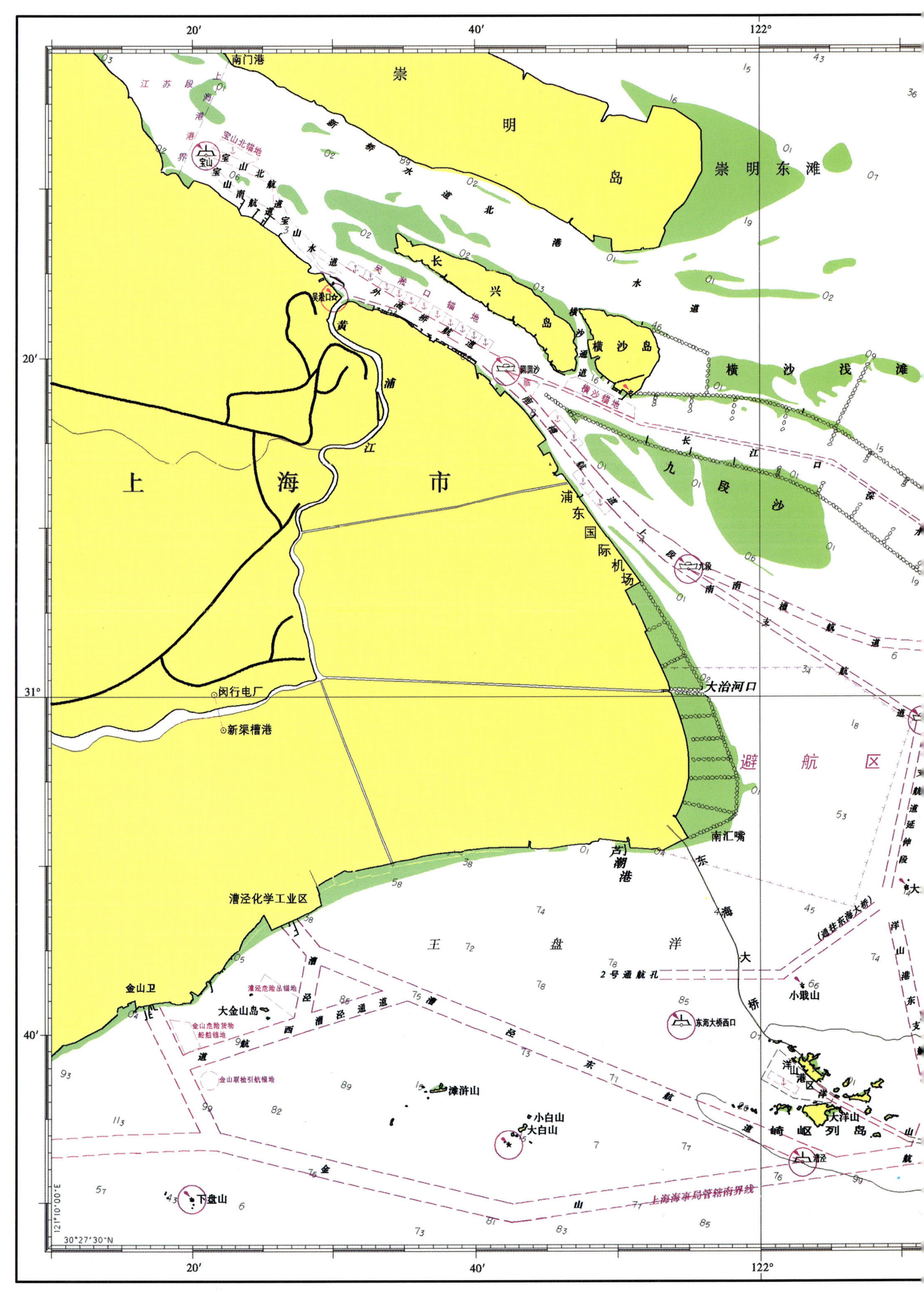
20′
40′
122°
南门港
崇
明
岛
崇明东滩
江苏段
上海港港界
宝山北锚地
宝山
宝山北航道
宝山南航道
宝山水道
新桥水道
北港
长兴岛
吴淞口锚地
吴淞口
外高桥航道
黄浦江
横沙通道
横沙岛
圆圆沙
横沙锚地
横沙浅滩
南槽航道
长江口深水航道
九段沙
上海市
浦东国际机场
九段
南支航道
大治河口
闵行电厂
新渠槽港
避航区
南汇嘴
芦潮港
东海大桥
漕泾化学工业区
王盘洋
2号通航孔
漕泾危险品锚地
漕泾通道
金山卫
大金山岛
金山危险货物船舶锚地
西航道
漕泾东航道
东海大桥西口
小戢山
洋山港区
洋山港东支航道
金山联检引航锚地
滩浒山
小白山
大白山
大洋山
崎岖列岛
上海海事局管辖南界线
金山航道
下盘山
121°10′00″E
30°27′30″N
31°

# 长江口附近

长江口附近
东
海
口船舶定线制
(A1)
(A2)
(A3)
(A4)
A
5° 00′ W(2006)
(0.2′ W)
花鸟山
山北锚地
雷康(Y)
闪15s89m24M
AIS基站
东绿华山
章海山
闪4s30m8M
壁下山
闪(2)10s26m8M
大嘴
马鞍列岛
闪(3)12s
蓬礁
闪(3)白红10s26m8/3M
雷康(K)
闪6s57m10M
海礁
31°19′40″N
123°10′00″E
40′
50′
123°
10′
31°

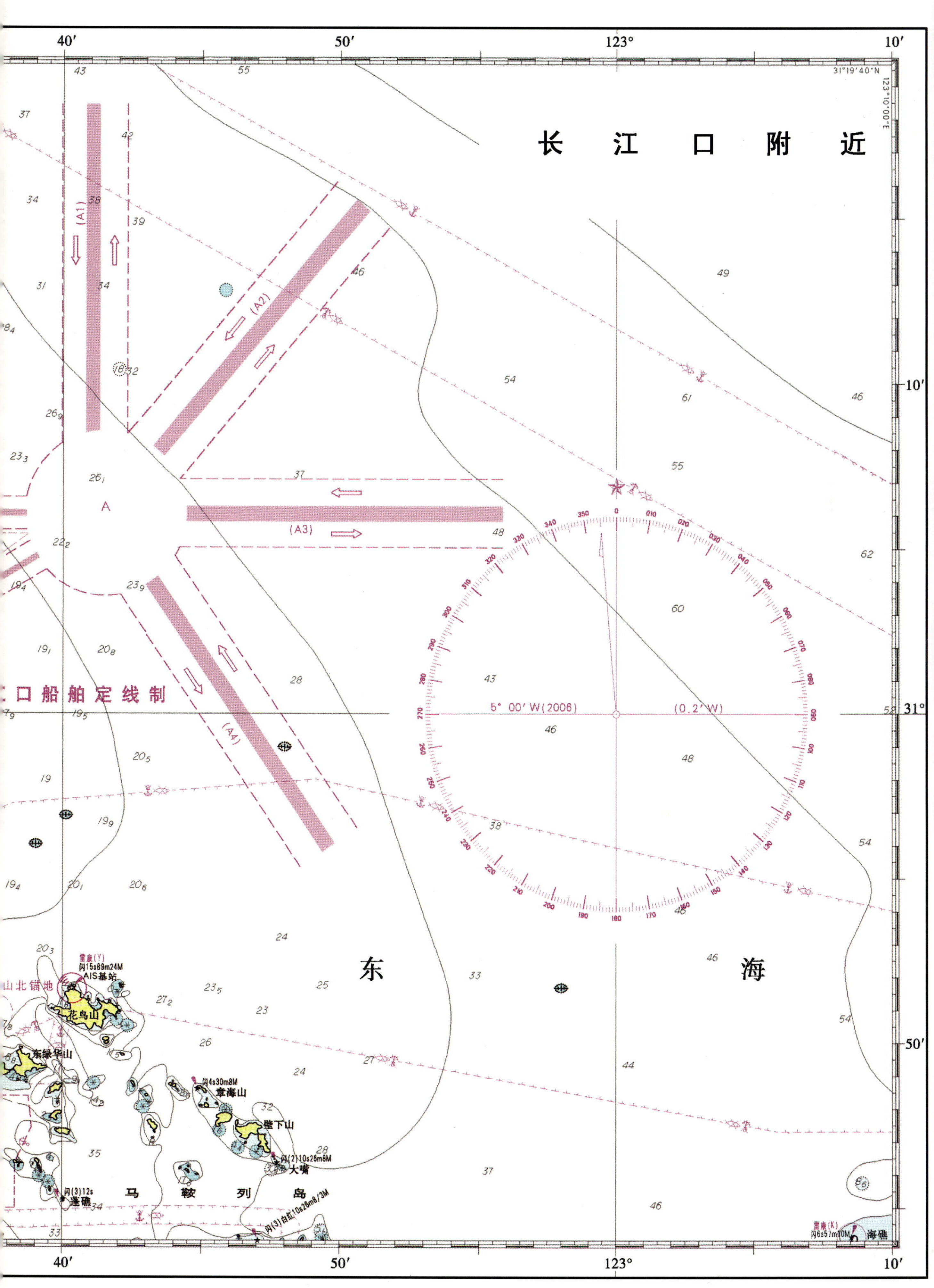

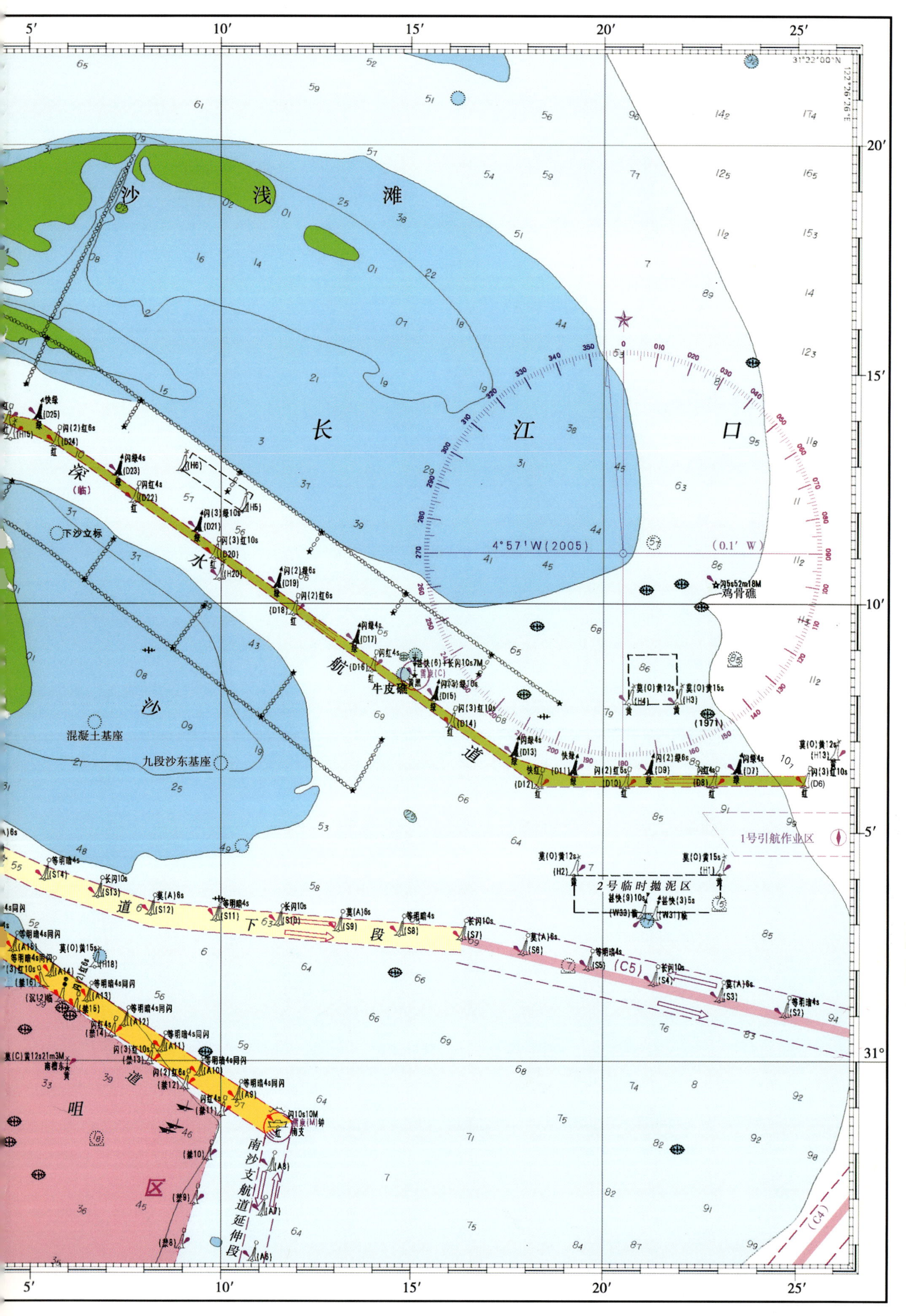

沙
浅
滩
长
江
口
深
(临)
水
航
道
牛皮礁
下沙立标
混凝土基座
九段沙东基座
沙
鸡骨礁
4°57′W(2005)
(0.1′ W)
1号引航作业区
2号临时抛泥区
道
下
段
(C5)
(C4)
南
沙
支
航
道
延
伸
段
道
咀
区
31°22′00″N
122°26′26″E
31°
5′
10′
15′
20′
25′

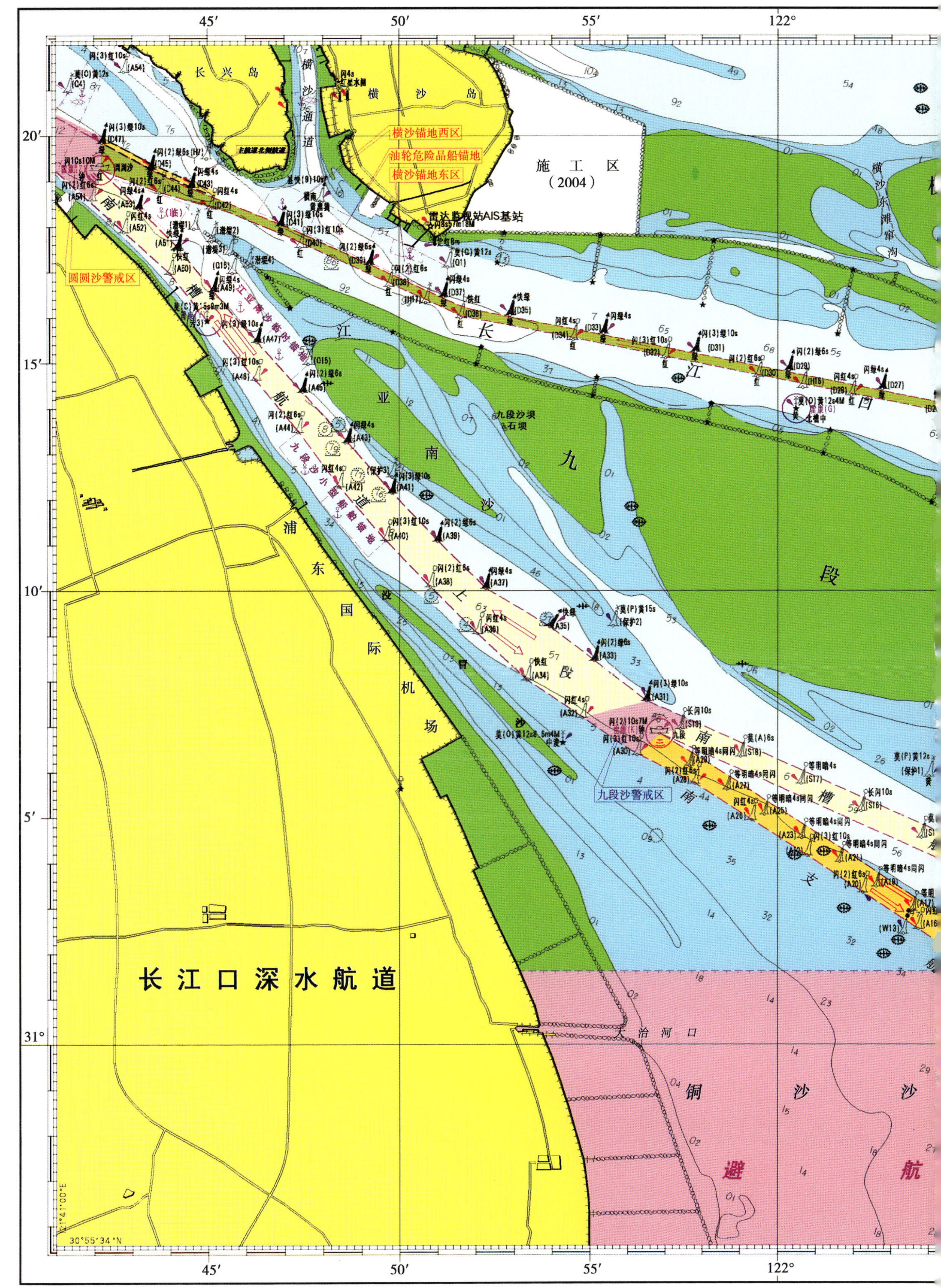
45′
50′
55′
122°
20′
15′
10′
5′
31°
长兴岛
横沙岛
横沙通道
横沙锚地西区
油轮危险品船锚地
横沙锚地东区
施工区
（2004）
雷达监视站AIS基站
圆圆沙警戒区
长江
横沙东滩窜沟
九段沙坝
石坝
江亚南沙
九段
南槽航道
九段沙小型船锚地
浦东国际机场
上段
南上段
九段沙警戒区
南支
南槽
铜沙
沙
避航
治河口
长江口深水航道
30°55′34″N

# 长江上海段船舶定线制规定*

## 第一章 总 则

**第一条** 为维护长江上海段水上交通秩序，规范船舶航行行为，改善通航环境，保障船舶、设施和人命财产的安全，提高交通效率，促进航运发展，根据《中华人民共和国海上交通安全法》等有关法律、法规及国际公约，制定本规定。

**第二条** 凡航行、停泊于长江上海段的船舶，应当遵守本规定。但下列船舶因工作需要可不按规定的航路航行：

（一）正在执行公务的公务船舶；

（二）在核定水域内在航施工的工程船舶；

（三）正在进行搜寻救助的船舶；

（四）经主管机关核准的其他船舶。

**第三条** 长江上海段实行船舶定线制。

船舶定线制遵循大船小船分道、各自靠右航行以及过错责任原则。

**第四条** 中华人民共和国上海海事局是实施本规定的主管机关。

## 第二章 航 路

**第五条** 长江上海段的航路由主航道、辅助航道和小型船舶航道等组成（见附件1）。

**第六条** 主航道包括长江口深水航道、外高桥航道、宝山航道、宝山北航道和宝山南航道。

长江口深水航道、外高桥航道、宝山航道、宝山北航道和宝山南航道的边界线由侧面标标示，航道的中心线为通航分道的分隔线（以下简称“分隔线”）。

**第七条** 辅助航道为南槽航道，包括南槽航道下段和南槽航道上段。

南槽航道下段由安全水域标标示航道走向，安全水域标的连线为分隔线。

南槽航道上段的边界线由侧面标标示，航道的中心线为分隔线。

**第八条** 小型船舶航道包括南支航道、外高桥沿岸航道、宝山支航道、宝山南航道南侧航道和主航道北侧航道。

（一）南支航道由安全水域标标示航道走向，安全水域标的连线为分隔线；

（二）外高桥沿岸航道为外高桥航道南边界线至距码头前沿线80米的北侧平行线之间的水域，航道的中心线为分隔线；

（三）宝山支航道的边界线由侧面标标示，航道的中心线为分隔线；

（四）宝山南航道南侧航道为宝山南航道以南的水域，航道宽度为100米；

（五）主航道北侧航道为主航道（宝山南航道除外）以北的水域。其中：

---

*本定线制由交通部公告2005年第17号发布，2006年4月1日起施行。

与长江口深水航道相邻的主航道北侧航道用于双向通航,航道宽度为200米,航道的中心线为分隔线;

与外高桥航道、宝山航道和宝山北航道相邻的主航道北侧航道用于单向通航,航道宽度为100米。

**第九条** 航道交汇处为警戒区(见附件2)。

## 第三章 航　　行

**第十条** 船舶必须按照各自靠右的原则在规定的航路内航行。

船舶沿规定的航路航行时,应尽可能远离分隔线。

船舶沿规定的航路航行时,应与航标保持足够的安全距离。

**第十一条** 大型船舶应当在主航道和辅助航道内航行,但在靠、离码头或进、出港池、锚地时,可使用小型船舶航道。

由长江江苏段水域驶往长江口方向的大型船舶可经浏河口警戒区从宝山北航道下驶。

由长江江苏段水域驶往罗泾、宝钢和外高桥等码头,或进入黄浦江的大型船舶可经浏河口警戒区从宝山南航道下驶。

**第十二条** 小型船舶应当在小型船舶航道和辅助航道内航行。

经南槽航道驶往长江吴淞口以上水域的小型船舶,应当经圆圆沙警戒区沿主航道北侧航道行驶。

经宝山南航道南侧航道驶往吴淞口以下水域的小型船舶,应当从宝山支航道经吴淞口警戒区沿外高桥沿岸航道行驶。

**第十三条** 船舶进、出和航行于警戒区时,应当特别谨慎地驾驶。禁止船舶在警戒区内追越他船。

**第十四条** 船舶靠、离码头或进、出港池、锚地等必须横越通航分道时,应当尽可能与通航分道内的船舶总流向成直角就近横越,并事先向周围船舶通报本船动态。

**第十五条** 除靠、离码头外,船舶应当避免在码头前沿水域航行。

**第十六条** 船舶在追越他船时,只要安全可行,应当从他船的左舷追越。

**第十七条** 高速(客)船、过江渡轮应当按主管机关核准的航路航行。

**第十八条** 船舶应当配备甚高频无线电话,在航或锚泊期间应在主管机关规定的频道守听。

**第十九条** 大治河东口南端,禁16、禁15、禁14、禁13、禁12、禁11、A10B、A10A、A8A、A8、A6、A4、A2、A0号灯浮和南汇嘴依次连线围成的水域为长江口避航区,航行船舶应避免驶入。

## 第四章 停　　泊

**第二十条** 船舶应当在主管机关公布的锚地(见附件3)内锚泊。

**第二十一条** 水下管道、缆线两侧一定范围内的水域为禁锚区(见附件4),禁止任何船舶在禁锚区内锚泊或拖锚航行。

**第二十二条** 船舶航行途中如遇恶劣天气、船舶失控等情况需紧急抛锚时,应当远离禁锚区,并尽可能让出航道,同时向吴淞船舶交通管理中心报告。

## 第五章 避　　让

**第二十三条** 横越通航分道的船舶应当主动避让在通航分道内航行的船舶。

**第二十四条** 高速(客)船应当宽裕地让清其他船舶。

**第二十五条** 在吴淞口警戒区内航行的船舶,应当依次遵守以下避让规则:

(一)避让进、出黄浦江的大型船舶;

（二）逆水船避让顺水船；

（三）小型船舶避让大型船舶。

**第二十六条** 从宝山南航道上行拟靠罗泾、宝钢码头的船舶应避让沿宝山南航道下行的船舶。

## 第六章 责 任

**第二十七条** 违反本规定，进入主航道航行的小型船舶，与在主航道内航行的船舶发生碰撞事故时，小型船舶应负主要责任或全部责任。

**第二十八条** 违反本规定，逆通航分道交通流向航行的船舶，与在通航分道内航行的船舶发生碰撞事故时，逆通航分道交通流向航行的船舶应负主要责任或全部责任。

**第二十九条** 横越通航分道的船舶，未按本规定主动避让在通航分道内航行的船舶导致碰撞事故时，横越通航分道的船舶应负主要责任或全部责任。

**第三十条** 高速（客）船未按本规定宽裕地让清其他船舶，或未按主管机关核准的航路航行，导致碰撞事故时，高速（客）船应负主要责任。

**第三十一条** 过江渡轮未按主管机关核准的航路航行，导致碰撞事故时，过江渡轮应负主要责任。

**第三十二条** 在吴淞口警戒区内航行的船舶，未遵守本规定第二十五条规定导致碰撞事故时，应负主要责任或全部责任。

**第三十三条** 在宝山南航道上行的船舶，未遵守本规定第二十六条规定导致碰撞事故时，应负主要责任或全部责任。

**第三十四条** 船舶违反本规定，随意停泊导致碰撞事故时，应负主要责任或全部责任。

**第三十五条** 对违反本规定的，由主管机关依法实施行政处罚或采取行政强制措施。

## 第七章 附 则

**第三十六条** 本规定附件与规定具有同等法律效力，若有变动，由主管机关以航行通告、航行警告等形式予以公告。

**第三十七条** 本规定及其附件中下列用语的含义是：

（一）“长江上海段”是指崇明岛东旺角、佘山灯塔、鸡骨礁灯桩、地理坐标点A、地理坐标点B、地理坐标点C、地理坐标点D、南支灯船、A10B、A10A、A8A、A8、A6、A4、A2、A0号灯浮及南汇嘴的依次连线与浏黑屋（长江浏河口下游附近）、施信杆（崇明岛施翘河口下游附近）连线（即上海港港界线）间的长江干线水域；

（二）“小型船舶”是指1600总吨以下的机动船或1000载重吨以下的非机动船；

（三）“大型船舶”是指1600总吨及以上的机动船或1000载重吨及以上的非机动船；

（四）“码头前沿水域”是指码头前沿供船舶进行靠、离泊作业的水域，其宽度通常不大于45米。

（五）“警戒区”是指船舶必须特别谨慎航行，并尽可能按照建议的交通流向航行的区域。

**第三十八条** 本规定正文中所有不能用助航标志表示的位置，均用地理坐标点或地理名称表示（见附件5）。

**第三十九条** 本规定由中华人民共和国海事局负责解释。

**第四十条** 本规定自2006年4月1日起施行。

附件 1

# 长江上海段航路

（参考海图：中华人民共和国海事局海图 40405、40406、40407、40410、40412、40413、40414、40415、40416、40417、40418 号）

**一、主航道**

（一）长江口深水航道

北边界线：地理坐标点 E，D9 至 D43 号奇数号灯浮的依次连线向航道中心线平移 75 米之平行线经 D45 号灯浮延伸至 D47 号灯浮。

南边界线：地理坐标点 F，D10 至 D44 号偶数号灯浮的依次连线向航道中心线平移 75 米之平行线并延伸至圆圆沙灯船。

长江口深水航道只允许大型船舶航行。

（二）外高桥航道

北边界线：51、53、55、57 号灯浮和地理坐标点 I 的依次连线。

南边界线：地理坐标点 H，52、54、56、58、60 号灯浮的依次连线。

外高桥航道只允许大型船舶航行。

（三）宝山航道

北边界线：65、67、69 号灯浮和地理坐标点 K 的依次连线。

南边界线：66、68、70、72 号灯浮的依次连线。

宝山航道只允许大型船舶航行。

（四）宝山北航道

北边界线：地理坐标点 M，73、75、75A、77、79、81 号灯浮的依次连线。

南边界线：74、74A、76、76A、78、80 号灯浮和宝山灯浮的依次连线。

宝山北航道只允许大型船舶航行。

（五）宝山南航道

北边界线：74、A81、A83、A85、A87 号灯浮和宝山灯浮的依次连线。

南边界线：地理坐标点 N 沿距宝钢主原料码头、罗泾煤码头前沿线 100 米的北侧平行线依次经 A84、A86 延伸至 A88 号灯浮的连线。

宝山南航道供下行大型船舶和从下游方向上行拟靠罗泾、宝钢码头等沿岸码头的船舶航行。

**二、辅助航道**

（一）南槽航道下段

北边界线：以 S7 至 S18 号灯浮的依次连线为基线，距其 500 米的北侧平行线并延伸至 A31 号灯浮。

南边界线：以 S7 至 S18 号灯浮的依次连线为基线，距其 500 米的南侧平行线并延伸至九段灯船。

南槽航道下段可供大型船舶和小型船舶航行。

（二）南槽航道上段

北边界线：A33 至 A53 号奇数号灯浮和圆圆沙灯船的依次连线。

南边界线：A32 至 A54 号偶数号灯浮的依次连线。

南槽航道上段可供大型船舶和小型船舶航行。

**三、小型船舶航道**

（一）南支航道

北边界线：以南支灯船，A9 至 A15、A17、A19、A21、A23、A25、A27、A29 号灯浮的依次连线为基线，距其500米的北侧平行线并延伸至九段灯船。

南边界线：以南支灯船，A9至A15、A17、A19、A21、A23、A25、A27、A29号灯浮的依次连线为基线，距其500米的南侧平行线并延伸至A30号灯浮，与A16、A20、A22、A26、A28、A30号灯浮的依次连线一致。

南支航道主要供小型船舶双向航行。

（二）外高桥沿岸航道

北边界线：地理坐标点H，52、54、56、58、60号灯浮的依次连线。

南边界线：自A56号灯浮沿距外高桥沿岸码头前沿线80米的北侧平行线延伸至地理坐标点J。

外高桥沿岸航道主要供下行小型船舶航行。

（三）宝山支航道

北边界线：66、A73、A75、70、72号灯浮的依次连线。

南边界线：A72、防1、A76、A78号灯浮和地理坐标点L的依次连线。

宝山支航道主要供下行小型船舶航行。

（四）宝山南航道南侧航道

北边界线：自地理坐标点N沿距宝钢主原料码头、罗泾煤码头前沿线100米的北侧平行线依次经A84、A86延伸至A88号灯浮，与宝山南航道的南边界线一致。

南边界线：距北边界线100米的南侧平行线。

宝山南航道南侧航道主要供下行小型船舶航行。

（五）主航道北侧航道

北边界线：距地理坐标点G（位于D42号灯浮正横方向），D43、D45、D47号灯浮依次连线200米的北侧平行线，与距51至75号奇数号灯浮、75A、77、79、81号灯浮依次连线100米的北侧平行线的连线。

南边界线：地理坐标点G（位于D42号灯浮正横方向），D43、D45、D47、51至75号奇数号灯浮、75A、77、79、81号灯浮的依次连线，与主航道（宝山南航道除外）北边界线一致。

主航道北侧航道主要供上行小型船舶航行，但长江口深水航道北侧的小型船舶航道可供小型船舶双向航行。

附件2

# 长江上海段警戒区

**一、九段沙警戒区**

该警戒区为以下5点依次连线围成的水域：

（一）九段灯船；

（二）A30号灯浮；

（三）A32号灯浮；

（四）A33号灯浮；

（五）A31号灯浮。

**二、圆圆沙警戒区**

该警戒区为以下6点依次连线围成的水域：

（一）31°20′30″N / 121°40′57″E；

（二）31°19′57″N / 121°42′17″E；

（三）圆圆沙灯船；

（四）A54号灯浮；

（五）A56号灯浮；

（六）52号灯浮。

**三、吴淞口警戒区**

该警戒区为以下10点依次连线围成的水域：

（一）31°25′28″N / 121°30′57″E；

（二）31°24′49″N / 121°32′11″E；

（三）31°23′50″N / 121°34′07″E；

（四）31°23′28″N / 121°34′53″E；

（五）31°22′41″N / 121°34′23″E；

（六）31°23′09″N / 121°32′54″E；

（七）31°23′23″N / 121°31′12″E；

（八）31°24′26″N / 121°30′48″E；

（九）A72号灯浮；

（十）66号灯浮。

**四、宝山警戒区**

该警戒区为以下7点依次连线围成的水域：

（一）31°29′04″N / 121°26′31″E；

（二）31°28′10″N / 121°27′01″E；

（三）31°27′41″N / 121°27′36″E；

（四）地理坐标点L；

（五）31°28′13″N / 121°25′51″E；

（六）31°28′26″N / 121°25′32″E；

（七）74号灯浮。

**五、浏河口警戒区**

该警戒区为以下7点依次连线围成的水域：

（一）31°31′24″N / 121°20′42″E；
（二）31°32′18″N / 121°19′40″E；
（三）31°33′12″N / 121°20′09″E；
（四）31°32′27″N / 121°21′26″E；
（五）81 号灯浮；
（六）宝山灯浮；
（七）A88 号灯浮。

附件 3

# 长江上海段锚地

| 名　　称 | 位置、用途和要求 |
| --- | --- |
| 九段沙小型船舶锚地 | 一、"九段沙小型船舶锚地"(原名"九段沙小轮锚地")由 1、2 号锚泊区组成:<br>(一)1 号锚泊区范围为 A40、A42 号灯浮连线(南槽航道上段南边界线)与距其 1000 米的南侧平行线之间的水域;<br>(二)2 号锚泊区范围为 A42、A44 号灯浮连线(南槽航道上段南边界线)与距其 1000 米的南侧平行线之间的水域。<br>二、供进出南槽航道、南支航道的小型船舶待命、待泊、避风和候潮等。<br>三、连续锚泊时间不得超过 72 小时 |
| 江亚南沙临时危险品船锚地 | 一、"江亚南沙临时危险品船锚地"为 A45、A47 号灯浮连线(南槽航道上段北边界线)与 Q15、Q16 号灯浮连线之间的水域。<br>二、供进出南槽航道、南支航道的油轮、散化船、液化气船和其他危险品船待命、待泊、避风和候潮等。<br>三、连续锚泊时间不得超过 72 小时 |
| 江亚南沙临时锚地 | 一、"江亚南沙临时锚地"为 A47、A49 号灯浮连线(南槽航道上段北边界线)与 Q15、Q16 号灯浮连线之间的水域。<br>二、供进出南槽航道的大型船舶待命、待泊、避风和候潮等。<br>三、连续锚泊时间不得超过 72 小时 |
| 横沙东区锚地 | 一、"横沙东区锚地"为以下 8 点依次连线围成的水域:<br>1. Q1 号灯浮;<br>2. 31°16′27″N / 121°51′13″E;<br>3. 31°17′18″N / 121°48′58″E;<br>4. 31°17′57″N / 121°49′21″E;<br>5. 31°17′44″N / 121°49′51″E;<br>6. 31°17′26″N / 121°49′44″E;<br>7. 31°17′12″N / 121°50′36″E;<br>8. 31°17′23″N / 121°50′39″E。<br>二、供大型船舶待命、待泊、避风和候潮等。<br>三、连续锚泊时间不得超过 72 小时 |
| 横沙西区锚地 | 一、"横沙西区锚地"为以下 5 点依次连线围成的水域:<br>1. 横南灯浮;<br>2. 31°17′51″N / 121°47′35″E;<br>3. 31°18′20″N / 121°46′19″E;<br>4. 31°18′43″N / 121°46′35″E;<br>5. 31°18′44″N / 121°47′31″E。<br>二、供大型船舶待命、待泊、避风和候潮等。<br>三、连续锚泊时间不得超过 72 小时 |

续上表

| 名　称 | 位置、用途和要求 |
| --- | --- |
| 横沙危险品船锚地 | 一、"横沙危险品船锚地"为以下4点依次连线围成的水域：<br>1. 横南灯浮；<br>2. 31°17′57″N / 121°49′21″E；<br>3. 31°17′18″N / 121°48′58″E；<br>4. 31°17′51″N / 121°47′35″E。<br>二、供油轮、液化汽船、散化船和其他危险品船待命、待泊、避风和候潮等。<br>三、连续锚泊时间不得超过72小时 |
| 吴淞口锚地 | 一、"吴淞口锚地"由以下11个锚泊区组成，并自下游向上游顺序编号：<br>(一)1、2号锚泊区范围为Q4、Q5号灯浮连线与距51、53号灯浮连线100米的北侧平行线之间的水域，51、53号灯浮连线的中垂线将其划分为1、2号锚泊区；<br>(二)3、4号锚泊区范围为Q4、Q5、Q7号灯浮依次连线与距53、55号灯浮连线100米的北侧平行线之间的水域，过Q5号灯浮作53、55号灯浮连线的垂线将其划分为3、4号锚泊区；<br>(三)5、6号锚泊区范围为Q5、Q7号灯浮连线与距55、57号灯浮连线100米的北侧平行线之间的水域，55、57号灯浮连线的中垂线将其划分为5、6号锚泊区；<br>(四)7、8号锚泊区范围为Q7、Q8号灯浮连线与距57、61号灯浮连线100米的北侧平行线之间的水域，57、61号灯浮连线的中垂线将其划分为7、8号锚泊区；<br>(五)9、10号锚泊区范围为Q7、Q8、Q9号灯浮依次连线与距61、63号灯浮连线100米的北侧平行线之间的水域，过Q8号灯浮作61、63号灯浮连线的垂线将其划分为9、10号锚泊区；<br>(六)11号锚泊区范围为Q9、Q10号灯浮连线与距63、65号灯浮连线100米的北侧平行线之间的水域。<br>二、供船舶待命、待泊、避风和候潮等。其中：<br>(一)1至7号锚泊区供国内航线船舶锚泊；<br>(二)8、9号锚泊区供国际航线船舶锚泊；<br>(三)10号锚泊区供拟靠长江吴淞口上游各码头的船舶锚泊；<br>(四)11号锚泊区供1600总吨以下、在上海港装卸货的海船锚泊。<br>三、连续锚泊时间不得超过72小时 |
| 宝钢上锚地 | 一、"宝钢上锚地"为以工作囤船为中心、顺航道走向的450米×800米的矩形水域，具体为以下4点依次连线围成的水域：<br>1. 31°27′50″N / 121°25′54″E；<br>2. 31°27′34″N / 121°26′18″E；<br>3. 31°27′23″N / 121°26′07″E；<br>4. 31°27′39″N / 121°25′43″E。<br>二、供大型钢质驳船系泊和编、解队。<br>三、连续锚泊时间不得超过72小时 |
| 宝山北锚地 | 一、"宝山北锚地"（原名"超大型船舶锚地"）为Q11、Q12号灯浮连线与距77、79、81号灯浮连线100米的北侧平行线之间的水域。<br>二、供大型船舶待泊、候潮、防台、补给、交接等。<br>三、连续锚泊时间不得超过72小时 |

附件 4

# 长江上海段禁锚区

**一、1 号禁锚区**

该禁锚区范围为以下 4 点依次连线围成的水域:

(一)31°18′50″N / 121°40′50″E;

(二)31°19′18″N / 121°40′05″E;

(三)31°22′18″N / 121°42′20″E;

(四)31°22′12″N / 121°42′40″E。

**二、2 号禁锚区**

该禁锚区范围为以下 4 点依次连线围成的水域:

(一)31°27′00″N / 121°26′08″E;

(二)31°26′37″N / 121°26′30″E;

(三)31°32′04″N / 121°34′41″E;

(四)31°31′42″N / 121°35′35″E。

**三、3 号禁锚区**

该禁锚区范围为以下 4 点依次连线围成的水域:

(一)31°30′19″N / 121°19′55″E;

(二)31°30′53″N / 121°19′20″E;

(三)31°37′06″N / 121°23′22″E;

(四)31°36′56″N / 121°24′11″E。

**四、4 号禁锚区**

该禁锚区范围为以下 4 点依次连线围成的水域:

(一)31°28′44″N / 121°44′57″E;

(二)31°24′50″N / 121°42′32″E;

(三)31°25′13″N / 121°41′14″E;

(四)31°29′21″N / 121°43′42″E。

附件 5

# 长江上海段地理坐标点

| 序号 | 名　称 | 经 纬 度 |
| --- | --- | --- |
| 1 | 地理坐标点 A | 31°06′35″N / 122°21′27″E |
| 2 | 地理坐标点 B | 31°05′35″N / 122°21′27″E |
| 3 | 地理坐标点 C | 31°03′08″N / 122°16′28″E |
| 4 | 地理坐标点 D | 31°02′10″N / 122°16′12″E |
| 5 | 地理坐标点 E | 31°06′14″N / 122°21′27″E |
| 6 | 地理坐标点 F | 31°06′01″N / 122°21′27″E |
| 7 | 地理坐标点 G | 31° 18′40″N / 121° 45′12″E |
| 8 | 地理坐标点 H | 31° 19′57″N / 121° 40′40″E |
| 9 | 地理坐标点 I | 31° 23′24″N / 121° 34′51″E |
| 10 | 地理坐标点 J | 31° 22′41″N / 121° 34′23″E |
| 11 | 地理坐标点 K | 31° 27′39″N / 121° 27′33″E |
| 12 | 地理坐标点 L | 31° 27′10″N / 121° 27′00″E |
| 13 | 地理坐标点 M | 31° 29′01″N / 121° 26′24″E |
| 14 | 地理坐标点 N | 31° 28′29″N / 121° 25′34″E |
| 15 | 大治河口南端 | 30° 59′54″N / 121° 56′22″E |
| 16 | 崇明岛东旺角 | 31° 27′50″N / 121° 49′48″E |
| 17 | 南汇嘴 | 30° 52′58″N / 121° 52′25″E |
| 18 | 浏黑屋 | 31° 30′52″N / 121° 18′54″E |
| 19 | 施信杆 | 31° 37′34″N / 121° 22′30″E |

# 上海黄浦江通航安全管理规定*

## 第一章　总　　则

**第一条**　为维护上海黄浦江水上交通秩序，改善黄浦江水域通航环境，保障船舶、设施和人命财产安全，依据《中华人民共和国海上交通安全法》等有关法律、法规和规章，制定本规定。

**第二条**　本规定中所称的黄浦江，是指从吴淞口灯塔至浦东界标的连线（即黄浦江界）与闵行发电厂上游边界至巨漕港上口连线（即港界）之间的水域。

**第三条**　本规定适用于在黄浦江从事航行、停泊和作业以及其他影响航行安全的活动。

**第四条**　中华人民共和国上海海事局是实施本规定的主管机关。

**第五条**　黄浦江实行大船小船分流、各自靠右航行、分道通航的原则。

**第六条**　禁止在黄浦江从事捕捞作业。

**第七条**　禁止挂桨机船在黄浦江航行、停泊和作业。

**第八条**　游艇、游览船、广告船和体育运动船艇等除遵守本规定外，还应当遵守主管机关发布的其他特别规定。

## 第二章　航　　行

**第九条**　黄浦江主航道（见附件1）供拖轮船队和500总吨及以上或船长50米及以上的船舶双向航行。黄浦江辅航道供500总吨以下且船长50米以下的船舶单向航行。

黄浦江特殊航道供船舶双向航行。主管机关对在特殊航道航行有特殊要求的，船舶应予以遵守。

船舶在吴泾深水航道内航行时，应当遵守其特殊规定（见附件2）。

**第十条**　船舶在规定的航道内航行时，应尽可能靠近其右舷的航道一侧行驶。

船舶在规定的航道内航行时，应与航标保持足够的安全距离。

**第十一条**　大型船舶航行时应安排人员在船首瞭望并备锚。

**第十二条**　船舶航行时，航速不得大于8节。

公务船舶在紧急执行公务时，其航速可以不受前款的限制。

本条第一、二款规定不免除船舶负有对于附近正常航行、停泊或作业船舶、设施的浪损责任。

**第十三条**　船舶在航道内航行时应当尽可能避免追越前方船舶。确需追越时（除禁止追越水域外），只要安全可行，应当从被追越船的左舷追越。

船舶在航道内尾随航行时，尾随船舶应当与前方船舶保持足够安全的距离。

**第十四条**　黄浦江水域能见度小于1000米时，船舶应当缓速航行。

黄浦江水域能见度小于500米时，禁止大型船舶航行。

黄浦江水域能见度小于100米时，禁止一切船舶航行。

---

* 本规定由交通部公告2005年第17号发布，2006年4月1日起施行。

**第十五条** 船舶如需横越航道,应当尽可能与航道的船舶总流向成直角横越。

拖轮船队和小型船舶横越航道遇有大型船舶通过时,应当尽可能避免横越大型船舶的船首,或以足够安全的距离从大型船舶船首或船尾通过。

**第十六条** 船舶应在指定的掉头区掉头。

船舶掉头时,应当在掉头前10分钟显示相应的掉头信号,并用甚高频无线电话06频道通报动态。

大型船舶或大型船队掉头,顺流时在1200米、逆流时在600米距离内有大型船舶或船队驶近的,应当待来船驶过后再进行掉头。

小型船舶或小型船队掉头,顺流时在600米、逆流时在300米距离内有大型船舶或船队驶近的,应当待来船驶过后再进行掉头。

大型船舶掉头时,如当时的环境、情况不能满足安全掉头要求的,必须有拖轮协助。

大型船舶掉头时,其他船舶应当避免驶近并及时与掉头船舶取得联系。其他船舶必须在掉头船船首前驶过的,应当协调安全驶过掉头船舶时的行动。

船舶在掉头区掉头时,不得采用抛锚或拖锚的方式。

**第十七条** 船舶航经警戒区、轮渡线、支流河口和施工作业水域时,应当特别谨慎驾驶,并注意周围船舶动态。

**第十八条** 大型船舶在航经下列水域时,应当尽可能避免与其他船舶交会,同时用甚高频无线电话06频道通报动态:

(一)陆家嘴弯道水域(轮渡泰公线至金陵东路轮渡码头和浦东海关大楼连线间水域);

(二)董家渡弯道水域(老白渡码头下游端和复兴拖轮船队码头连线至南浦大桥间水域);

(三)龙华弯道水域(日晖港至龙华港间水域);

(四)鳗鲤嘴弯道水域(轮渡临浦线至三林北港间水域);

(五)闸港弯道水域(轮渡鲁塘线至摇车港间水域)。

**第十九条** 除紧迫局面外,大型船舶倒驶的航行距离不得超过600米。

**第二十条** 除追越外,在同一航道内航行的船舶,不得与同向航行的船舶并排行驶。

**第二十一条** 船舶试航时,应当事先采取相应的安全措施并向主管机关报备。

**第二十二条** 船舶在驶近可能有其他船舶被居间障碍物遮蔽的航道的弯道时,应当特别谨慎地驾驶,并用甚高频无线电话06频道通报动态。

**第二十三条** 未经主管机关批准,船舶不得在黄浦江越江桥梁轴线两侧各90米范围内停泊、掉头或从事水上水下施工作业。

**第二十四条** 航经黄浦江桥梁的船舶,其水面以上最大高度应当符合黄浦江桥梁的通航安全技术要求(见附件3)。

**第二十五条** 航经架空高压电线的船舶,其水面以上最大高度应当遵守下列有关规定:

(一)船舶航经吴淞架空高压电线时,其水面以上最大高度加上过高压电线时的当地潮高不得超过70.99米;

(二)船舶航经吴泾架空高压电线时,其水面以上最大高度加上过高压电线时的当地潮高不得超过39.8米;

(三)船舶航经闵行架空高压电线时,其水面以上最大高度加上过高压电线时的当地潮高不得超过28米。

**第二十六条** 船舶航行时,其船舶总长度应当符合下列要求:

(一)船舶航经吴淞口至杨浦大桥航段时,其总长度不得超过300米;

(二)船舶航经杨浦大桥至苏州河口航段时,其总长不得超过275米;

(三)船舶航经苏州河口至闸港航段时,其总长不得超过200米;

(四)船舶航经闸港至奉浦大桥航段时,其总长不得超过165米。

**第二十七条** 拖轮船队航行时，其拖带总长度和拖带总宽度应当符合下列要求：

（一）大型拖轮船队航经吴淞口灯塔至 107 号灯浮航段时，其总长度不得超过 160 米，其总宽度不得超过 40 米；航经其他航段时，其总长度不得超过 120 米，总宽度不得超过 32 米；

（二）小型拖轮船队总长度不得超过 120 米，总宽度不得超过 22 米。

除应急救助外，未经船舶检验部门核准，任何船舶不得从事拖带作业。

**第二十八条** 遇有下列情形之一时，主管机关可以根据情况采取限时航行、单船通过、封航等临时性交通管制措施，限制、疏导船舶航行，并予以公告：

（一）恶劣天气；

（二）水上水下施工作业；

（三）大型船舶进出船坞或下船台；

（四）影响航行的水上交通事故；

（五）水上重大庆典活动或者体育比赛等；

（六）主管机关认为需要采取临时性限制、疏导、封航等交通管制措施的其他活动和情形。

**第二十九条** 拖轮船队和大型船舶不得在下列水域追越：

（一）吴淞口灯塔至 106 号灯浮之间水域；

（二）110 号灯浮至 S20 号系船浮筒之间水域；

（三）B8 号系船浮筒至轮渡上定线之间水域；

（四）轮渡泰公线至金陵东路轮渡码头和浦东海关大楼连线之间水域；

（五）老白渡码头下游端和复兴拖轮船队码头连线至南浦大桥间水域；

（六）日晖港至 B83 号系船浮筒之间水域；

（七）轮渡临浦线至 121 号灯浮之间水域；

（八）轮渡鲁塘线至摇车港之间水域；

（九）奉浦大桥上下游各 500 米内水域。

**第三十条** 船舶航行时，船上的救生艇（筏）、吊杆、舷梯等不得伸出舷外。

**第三十一条** 船舶发生水上交通事故致有沉没危险时，应当尽可能驶离主航道。

## 第三章　停泊和作业

**第三十二条** 船舶靠、离码头或系船浮筒时，应当避免妨碍其他船舶航行。

船舶在靠、离码头或系船浮筒过程中，不准人员登、离船舶和装卸货物，无关船舶不得系靠。

**第三十三条** 船舶靠泊作业期间，其吊杆及其他装卸机具不得影响航道中船舶的航行安全。

**第三十四条** 船舶应当按照规定的并靠宽度靠泊码头、系船浮筒（见附件 4），严禁超宽靠泊。

系泊在系船浮筒的大型船舶，系带在系船浮筒上的前后缆绳应当有足够的强度。

**第三十五条** 船舶应当根据码头的设计能力进行靠泊。

停靠船舶超出码头设计能力的，船舶所有人、经营人或代理人应当事先组织通航安全技术评估，制订相应安全措施，并报主管机关审查。

**第三十六条** 船舶从事过驳作业，应当事先进行通航环境安全评估。对通航安全有影响的，应制订相应的安全措施，申请安全作业区，并报主管机关审查。

**第三十七条** 在任何情况下，锚泊船应当确保不超出锚地范围（见附件 5）。

船舶应当选择适当的锚位，在规定的锚地内锚泊，并与其他锚泊船保持安全距离。

船舶在锚泊期间，应当按规定显示信号，安排人员值班，保持正规瞭望，并采取必要的防止走锚的措施。

**第三十八条** 任何船舶不应在不适宜锚泊的水域锚泊。

**第三十九条** 任何船舶不得在设有水线标志的上下游各100米范围内水域抛锚，并不得拖锚驶过该水域。

**第四十条** 热带气旋、强风期间，船舶应当按照主管机关的相关要求做好安全保障工作。

## 第四章 船舶报告

**第四十一条** 限于吃水或操纵能力受到限制的船舶在黄浦江航行，其所有人或经营人应在船舶进入黄浦江前24小时向主管机关报告。

**第四十二条** 大型船舶、客船、500载重吨及以上的危险品货船和大型拖轮船队应按以下要求用甚高频无线电话向主管机关报告：

（一）航经吴淞口灯塔与101号灯浮的连线和轮渡草临线时，应当向吴淞船舶交通管理中心报告；

（二）航经徐浦大桥和奉浦大桥时，应当向吴泾海事处报告。

**第四十三条** 船舶用甚高频无线电话报告船舶动态时应使用汉语普通话，报告内容包括船名、航经的报告线名称、航经报告线的时间及预计抵达的泊位或锚地。

**第四十四条** 船舶发生水上交通事故时，应当立即用甚高频无线电话或拨打水上统一搜救电话“12395”向主管机关报警，采取一切有效手段或措施进行自救。事故有致本船沉没危险时，船舶应当尽可能驶离主航道。附近船舶在不严重危及自身安全的情况下，应当积极对遇险船舶进行救助。

船舶一旦在航道中沉没，船长应当立即向主管机关报告沉没位置。

**第四十五条** 船舶沉没后，船舶所有人或经营人应尽快在船舶沉没处设置规定的标志，采取防止使他船触损的措施，并报告主管机关。

**第四十六条** 船舶发生走锚，应立即采取有效措施，尽快通报附近船舶，并向主管机关报告。

船舶发生走锚如影响他船安全时，应当立即起锚驶离，或由拖轮拖离锚位。

**第四十七条** 船舶由于恶劣天气、失控等特殊情况需要在锚地以外水域锚泊时，应当通过甚高频无线电话06频道向过往船舶通报情况，显示规定信号，及时采取有效措施让出主航道，并立即向主管机关报告。

**第四十八条** 船舶落放附属的救生艇（筏）、救生浮具，应当事先向主管机关报备。

**第四十九条** 船舶遇到与自身安全相关的紧急事件，应当立即向主管机关报告，以便及时取得救助。

## 第五章 通信联系

**第五十条** 船舶应当配备甚高频无线电话，并保证航行和锚泊时始终处于可用状态，并指定专人守听。

**第五十一条** 船舶航行、停泊和作业使用甚高频无线电话，应当符合下列要求：

（一）甚高频无线电话06频道为船舶航行安全频道，专门用于船舶间呼叫、船舶动态通报和交换避让意图；

（二）甚高频无线电话08频道专门用于船舶与兰州路海事处、董家渡海事处联系；

（三）甚高频无线电话13频道专门用于船舶与吴淞海事处、吴泾海事处联系；

（四）甚高频无线电话71频道专门用于船舶向吴淞交通控制中心报告。

## 第六章 避让原则

**第五十二条** 未在规定航道航行的船舶，应当避让沿规定航道航行的船舶。

**第五十三条** 横越航道的船舶，应当避让沿规定航道航行的船舶。

**第五十四条** 越江轮渡和进、出黄浦江支流港的船舶，应当避让沿黄浦江规定航道航行的船舶。

**第五十五条** 靠、离码头、系船浮筒和进、出锚地的船舶，应当避让沿规定航道航行的船舶。

**第五十六条** 有关船舶避让事宜，凡我国现行有关法律、法规及本规定未作规定的，依据《1972 年国际海上避碰规则》执行。

## 第七章 附　　则

**第五十七条** 本规定附件和附录与正文具有同等效力；若有变动，由主管机关以航行通告、航行警告形式公告变动情况。

**第五十八条** 本规定中下列用语的含义为：

（一）“大型船舶”是指 1600 总吨及以上的机动船或 1000 载重吨及以上的非机动船；

（二）“小型船舶”是指小于 1600 总吨的机动船或小于 1000 载重吨的非机动船；

（三）“大型船队”是指拖轮与被其拖带的 1 艘及以上大型船舶、设施或竹木排的组合；

（四）“小型船队”是指拖轮与被其拖带的 1 艘及以上小型船舶、设施或竹木排的组合；

（五）“限于吃水或操纵能力受到限制的船舶”是指由于吃水和航道可航水域的水深及宽度的原因，致使其驶离航向的能力严重地受到限制的船舶。

**第五十九条** 本规定实施前生效的相关规定，有与本规定冲突的，以本规定为准。

**第六十条** 本规定自 2006 年 4 月 1 日起施行。

附件1

# 上海黄浦江航道、警戒区和掉头区

**一、主航道**

（一）主航道浦西侧边界线

1. 自吴淞口灯塔起，依次沿导堤外侧80米处和浦西各码头前沿80米、闸北电厂取水口外侧65米顺河道弯度经107、108、110号灯浮、S15至S20号系船浮筒、地理坐标点A、B1号至B37号系船浮筒、地理坐标点B、B71号至B74号系船浮筒的连线。

2. 自B74号系船浮筒起，顺河道弯度沿江南造船厂码头前沿100米、开平码头前沿80米至轮渡临浦线浦西码头上游端外侧80米的连线。

3. 自轮渡临浦线浦西码头上游端起，以黄浦江两侧5米等深线为基线，该基线的中心线为主航道进、出口通航分道的分隔线，沿分隔线向浦西侧100米至131灯浮并与吴泾深水航道浦西侧边界线相连。

（二）主航道浦东侧边界线

1. 自黄浦江界起沿101号灯浮顺河道弯度经103至106号灯浮、B40、B42、B43、B46、B47号系船浮筒至114号灯浮的连线。

2. 自114号灯浮起，顺河道弯度沿浦东侧各码头前沿80米（其中"江山"船坞前沿50米）经地理坐标点C、D、E至轮渡临浦线浦东码头上游端外侧100米处的连线延伸至133号灯浮南侧100米处并与吴泾深水航道浦东侧边界线相连。

（三）主航道中心线为进、出口航道的分隔线，主航道中心线浦西侧为进口航道，主航道中心线浦东侧为出口航道。

**二、辅航道**

辅航道由进口航道、出口航道组成。其中，进口航道为主航道浦西侧边界线至黄浦江浦西岸线之间的可航水域（不包括锚地）；出口航道为主航道浦东侧边界线至黄浦江浦东岸线之间的可航水域（不包括锚地）。

**三、特殊航道**

特殊航道为吴泾第二发电厂码头上游120米处至轮渡邬桥线之间、以5米等深线为两侧边界线的航道，其航道中心线将其分隔为进口航道和出口航道。

**四、警戒区**

（一）吴淞警戒区

吴淞警戒区的范围为吴淞口灯塔至103号灯浮之间的水域。

（二）蕴藻浜警戒区

蕴藻浜警戒区的范围为黄浦江蕴藻浜河口上、下游各100米的水域。

**五、掉头区**

（一）1号掉头区

1号掉头区的范围为自军工路码头上角与浦东长航12号驳船码头上游端连线至轮渡草临线下游100米内水域。

该掉头区仅限总长度大于160米但小于300米的船舶使用。

（二）2号掉头区

2号掉头区的范围为自复兴岛上钢二厂码头下游端与立新船厂码头上游端连线至轮渡东嫩线上游100米内水域。

该掉头区仅限总长度大于180米但小于300米的船舶使用。

(三)3号掉头区

3号掉头区的范围为上船西厂码头下游端与其昌东栈码头下游端的连线至黄浦码头上游端与其昌西栈码头上游端的连线之间的水域。

该掉头区仅限总长度小于275米的船舶使用。

附件 2

# 吴泾深水航道船舶交通管理规定

（2001 年 8 月 1 日起施行）

**第一条** 为做好吴泾深水航道的通航安全管理工作，加强吴泾水域交通管理，保障船舶、设施和人命财产的安全，依据《中华人民共和国海上交通安全法》、《上海水上安全监督规则》，特制定本规定。

**第二条** 吴泾深水航道为黄浦江塘车线轮渡至吴泾第二发电厂码头，自 131 灯浮向上游经 133 号灯浮至吴泾第二发电厂码头上游 120 米处总长 4041 米、底宽 100 米的人工疏浚航槽，航槽设计水深 9.1 米。

**第三条** 吴泾深水航道为限于吃水船舶的专用单程航道。使用该航道船舶的吃水（$d$）为：$d \leq$ 航道通航水深 + 吴泾潮高 − 富余水深，船舶应根据本船的装载实际情况选择合适的富余水深，但应保持不小于 0.5 米的富余水深。

**第四条** 使用吴泾深水航道的限于吃水船舶，应由船舶所有人、经营人或其代理人提前 48 小时向上海海事局总值班室（FAX：021-53931420）申报，并按核准的时间进入吴泾深水航道。

**第五条** 当限于吃水船舶在该航道航行时，禁止其他大型船舶、船队在该深水航道内与其对遇、交会或追越；此时该大型船舶或船队如认为本船航行不安全，可在不妨碍他船航行的原则下，选择适当的水域进行等候或采取妥善的避让措施，并通过 VHF13 频道向吴泾海事处报告。

**第六条** 吴泾深水航道浦西侧外缘的浦西水域为非限于吃水船舶的进口航道，吴泾深水航道浦东侧外缘的浦东水域为非限于吃水船舶的出口航道，非限于吃水船舶不得妨碍在吴泾深水航道内航行的限于吃水船舶的航行安全。

**第七条** 使用吴泾深水航道及附近水域的船舶水面以上高度不得超过 39.8 米，以免危及吴泾架空电线的安全。

**第八条** 拟进入吴泾深水航道内航行的限于吃水船舶进口抵达鳗鲤咀前半小时；出口抵达闸港或离开码头前半小时，应通过 VHF13 频道向吴泾海事处报告动态。

报告内容：船名、目的地、预计进入吴泾深水航道水域的时间、预计驶离吴泾深水航道水域的时间。

**第九条** 重载的限于吃水船舶进入吴泾深水航道，应备有一艘大功率全旋回拖轮伴航，并申请巡逻艇专程护航。

**第十条** 从事吴泾深水航道维护作业的工程船舶，遇有限于吃水船舶使用该深水航道时，工程船舶应让出深水航道。

**第十一条** 本规定中"限于吃水船舶"一词，仅指由于吃水和吴泾深水航道可航行水域的水深和宽度的原因，致使其驶离航向的能力严重地受到限制的大型船舶。

附件3

# 黄浦江大桥通航技术要求

**一、船舶航经桥区水域时,应当遵守下列有关通航高度的要求**

(一)航经杨浦大桥的船舶,其水面以上最大高度加上过大桥时的高桥潮位应小于52米;

(二)航经南浦大桥的船舶,其水面以上最大高度加上过大桥时的黄浦公园潮位应小于48米;

(三)航经卢浦大桥的船舶,其水面以上最大高度加上过大桥时的黄浦公园潮位应小于48米;

(四)航经徐浦大桥的船舶,其水面以上最大高度加上过大桥时的黄浦公园潮位应小于47米;

(五)航经奉浦大桥的船舶,其水面以上最大高度加上过大桥时的当地潮位应低于29.5米。

**二、船舶航经奉浦大桥时,还应遵守各通航孔的通航要求**

(一)水面以上最大高度22米及以下的小型船舶(含拖轮船队和排筏)上驶时,应从北孔通过;当中孔无大型船舶行驶时,可视情况从中孔通过;

(二)水面以上最大高度22米及以下的小型船舶(含拖轮船队和排筏)下驶时,应从南孔通过;

(三)大型船舶(船队)应当通过中孔航行。

附件 4

# 黄浦江码头、系船浮筒系泊船舶并靠宽度限定

**一、黄浦江浦西侧码头并靠宽度限定**

(一)吴淞口信号台至吴淞海事处码头沿岸并靠宽度为 24 米,但海军 1 号至 6 号码头并靠宽度为 32 米;

(二)张华浜码头至海军虬江码头沿岸并靠宽度为 36 米;

(三)复兴岛沿岸并靠宽度为 45 米,但其上游 100 米沿岸并靠宽度为 18 米;

(四)上棉十七厂码头并靠宽度为 18 米;

(五)上棉十七厂码头上游端至上棉十二厂码头上游端沿岸并靠宽度为 26 米;

(六)上棉十二厂码头上游端至三航局上海分公司船队码头上游端沿岸并靠宽度为 18 米;

(七)上棉九厂码头至救捞局专用码头下游端沿岸并靠宽度为 10 米或靠泊 1 艘小型船舶;

(八)救捞局专用码头至虹口港河口下游端沿岸并靠宽度为 32 米,但上船西厂码头并靠宽度为 36 米;

(九)虹口港河口上游端至扬子江码头沿岸并靠宽度为 26 米,但虹口港河口上游 40 米内沿岸并靠宽度为 18 米;

(十)外滩水上公安局码头至日晖港河口下游端并靠宽度为 26 米,但江南造船厂并靠宽度为 45 米,日晖港河口下游 50 米内沿岸并靠宽度为 18 米;

(十一)开平码头至闵行发电厂上游边界沿岸并靠宽度为 32 米,但闸港嘴下游 200 米内沿岸并靠宽度为 12 米。

**二、黄浦江浦东侧码头并靠宽度限定**

(一)三岔港香料厂码头上游端至东方明珠码头沿岸并靠宽度为 32 米,但三航局浦东分公司成品码头并靠宽度为 13 米;

(二)海龙海鲜舫至巨潼港河口沿岸并靠宽度为26 米,但港口机械厂码头 1 至 2 号泊位并靠宽度为 20 米、3 至 4 号泊位并靠宽度为 15 米,长航临时驳修站码头限靠 1 艘驳船,立丰船厂并靠宽度为 45 米,大治河口下游 100 米内和金汇港上游 100 米内沿岸禁止泊船。

**三、系船浮筒靠泊宽度限定**

(一)甲级系船浮筒连线两侧靠泊宽度不超过 16 米;

(二)乙级系船浮筒连线两侧靠泊宽度不超过 13 米;

(三)安字系船浮筒连线两侧靠泊宽度不超过 16 米;

(四)D 字系船浮筒连线两侧靠泊宽度不超过 9 米。

附件 5

# 黄浦江锚地

| 名　　称 | 位置及使用规定 |
| --- | --- |
| 张华浜锚地 | 自 31°21′31.9″N/121°30′12.5″E 顺河道弯度向下游至 31°22′06.0″N/121°29′55.1″E 的连线向浦东侧宽 100 米的水域；<br>限 500 载重吨及以下的内河船舶及 200 载重吨及以下的海船和内河拖轮候潮；<br>连续锚泊时间不得超过 24 小时 |
| 军工路锚地 | 自 108 号灯浮起，顺河道弯道经 110 号灯浮至地理坐标点 F 下游 200 米处的连线向浦西侧 100 米之间的水域（禁锚区除外）；<br>限 500 总吨及以下的机动船或 1000 载重吨及以下的驳船候潮、避风和待泊；<br>连续锚泊时间不得超过 72 小时 |
| 广德路小型机动船锚地 | 自地理坐标点 G 至 B24 号系船浮筒的连线向浦西侧距离为 20 米至 100 米之间的水域；<br>限 200 总吨及以下的机动船候潮、避风和待泊；<br>连续锚泊时间不得超过 72 小时 |
| 龙华嘴小型船舶锚地 | 自上海港船舶修理厂码头上游端上游 30 米的 5 米等深线处起，顺河道弯度向上游方向至 130 米处连线，向浦东侧的水域；<br>限 100 总吨以下的船舶候潮、避风和待泊；<br>连续锚泊时间不得超过 72 小时 |
| 小黄浦小型船舶锚地 | 自杨思水厂灯桩上游 110 米处起向上游方向 330 米处止、距岸 60 米处起向江中心方向 120 米处止的水域。即下列 4 点依次连线范围：<br>（1）31°09′29.8″N/121°27′50.0″E；<br>（2）31°09′30.9″N/121°27′47.2″E；<br>（3）31°09′37.2″N/121°27′50.4″E；<br>（4）31°09′36.3″N/121°27′53.3″E。<br>限 100 总吨以下的船舶候潮、避风和待泊。<br>连续锚泊时间不得超过 72 小时 |
| 巨澧港锚地 | 自老巨澧港港口上游端至巨澧港港口下游端距岸 100 米以内的水域（轮渡邬桥线 100 米两侧除外）；<br>限 200 总吨以下的船舶候潮、避风和待泊；<br>连续锚泊时间不得超过 72 小时 |

注：上述锚地除张华浜锚地外，均禁止油轮及装载危险品货物的船舶锚泊。

附件 6

# 部分航标、系船浮筒和坐标点经纬度一览表

| 序号 | 名称 | 类别 | 位置 |
| --- | --- | --- | --- |
| 1 | 吴淞口灯塔 | / | 31°23′46.9″N/121°31′05.5″E |
| 2 | 101 号灯浮 | / | 31°23′39.3″N/121°31′29.4″E |
| 3 | 103 号灯浮 | / | 31°23′26.2″N/121°30′37.8″E |
| 4 | 106 号灯浮 | / | 31°23′27.0″N/121°30′16.0″E |
| 5 | 107 号灯浮 | / | 31°20′36.4″N/121°31′43.8″E |
| 6 | 108 号灯浮 | / | 31°20′28.1″N/121°32′25.0″E |
| 7 | 110 号灯浮 | / | 31°20′12.2″N/121°32′58.4″E |
| 8 | 114 号灯浮 | / | 31°14′30.0″N/121°29′19.5″E |
| 9 | 121 号灯浮 | / | 31°08′10.1″N/121°27′24.8″E |
| 10 | 131 号灯浮 | / | 31°05′15.8″N/121°27′52.6″E |
| 11 | 133 号灯浮 | / | 31°03′43.7″N/121°28′20.2″E |
| 12 | B1 号系船浮筒 | 甲级 | 31°17′32.0″N/121°33′40.0″E |
| 13 | B8 号系船浮筒 | 甲级 | 31°16′43.0″N/121°33′48.0″E |
| 14 | B24 号系船浮筒 | 乙级 | 31°15′30.0″N/121°32′29.0″E |
| 15 | B37 号系船浮筒 | 乙级 | 31°14′58.0″N/121°31′13.0″E |
| 16 | B40 号系船浮筒 | 甲级 | 31°14′55.0″N/121°30′35.0″E |
| 17 | B42 号系船浮筒 | 甲级 | 31°14′55.0″N/121°30′19.0″E |
| 18 | B43 号系船浮筒 | 甲级 | 31°14′44.0″N/121°30′10.0″E |
| 19 | B46 号系船浮筒 | 甲级 | 31°14′51.0″N/121°29′50.0″E |
| 20 | B47 号系船浮筒 | 甲级 | 31°14′48.0″N/121°29′43.0″E |
| 21 | B53 号系船浮筒 | 乙级 | 31°13′59.0″N/121°29′26.0″E |
| 22 | B71 号系船浮筒 | 乙级 | 31°12′16.0″N/121°29′52.0″E |
| 23 | B74 号系船浮筒 | 乙级 | 31°12′01.0″N/121°29′42.0″E |
| 24 | B83 号系船浮筒 | 甲级 | 31°10′15.0″N/121°27′39.0″E |
| 25 | 安 1 号系船浮筒 | 安字 | 31°20′19.4″N/121°32′42.4″E |
| 26 | 安 11 号系船浮筒 | 安字 | 31°19′57.8″N/121°33′09.2″E |
| 27 | S15 号系船浮筒 | 甲级 | 31°19′41.0″N/121°33′19.0″E |
| 28 | S20 号系船浮筒 | 甲级 | 31°19′04.0″N/121°33′22.0″E |
| 29 | 浦东界标 | / | 31°23′21.2″N/121°31′13.0″E |
| 30 | 闵行发电厂 | / | 30°59′10.5″N/121°22′01.2″E |
| 31 | 地理坐标点 A | / | 31°18′30.0″N/121°33′18.0″E |
| 32 | 地理坐标点 B | / | 31°13′59.0″N/121°29′26.0″E |
| 33 | 地理坐标点 C | / | 31°11′15.0″N/121°28′00.0″E |
| 34 | 地理坐标点 D | / | 31°09′37.2″N/121°27′50.4″E |
| 35 | 地理坐标点 E | / | 31°09′30.9″N/121°27′47.2″E |
| 36 | 地理坐标点 F | / | 31°19′43.3″N/121°33′18.5″E |
| 37 | 地理坐标点 G | / | 31°15′46.0″N/121°32′52.0″E |

# 长江江苏段船舶定线制规定(2005)*

## 第一章　总　　则

**第一条**　为维护长江江苏段水上交通秩序，改善通航环境，提高交通效率，保障航行安全，促进航运发展，根据《中华人民共和国内河交通安全管理条例》等有关法律、法规及有关国际公约，制定本规定。

**第二条**　凡航行于长江江苏段通航水域的船舶，均应遵守本规定。

下列船舶因工作需要可不按规定的航路行驶：

(一)正在执行公务的船舶；

(二)在核定水域内在航施工的工程船舶；

(三)进行海难救助的船舶；

(四)经主管机关批准的船舶。

**第三条**　长江江苏段通航水域全程实行船舶定线制。

船舶定线制遵循大船小船分流、避免航路交叉、各自靠右航行及过错责任原则。

**第四条**　中华人民共和国江苏海事局及其分支、派出机构对本规定具体实施安全监督管理。

## 第二章　航道、航路

**第五条**　深水航道

深水航道一般设置在深泓附近，两侧界限分别用左侧侧面标(黑浮)、右侧侧面标(红浮)标志标示(深水航道设置标准和尺度见附件1)。

**第六条**　通航分道及分隔带(线)

在深水航道内设置的上、下行通航分道和分隔带分别占航标标示航道宽度的五分之二、五分之二、五分之一。

深水航道上游起始端以下300米为与长江安徽段船舶定线制水域相衔接的过渡航段，其分隔带向上游方向渐缩窄至长江安徽段航路分隔线的起点。

在不具备设置分隔带条件的深水航道内，分隔线为深水航道的中心线。

**第七条**　推荐航路

推荐航路设置在深水航道侧面标的外侧水域。

在具备设置推荐航路条件的水域，黑浮联线外侧设置上行船舶推荐航路；红浮联线外侧设置下行船舶推荐航路(推荐航路设置标准和尺度见附件2)。

推荐航路设置标准、尺度的变化，由海事部门定期公布。

**第八条**　特定航路

西新圩航行警戒区上游南岸至太平洲捷水道上口红浮外侧水域为船队、小型船舶上行特定航路。

---

* 本定线制规定由交通部交海发[2005]417号文件发布，2005年10月1日起施行。

丹徒航行警戒区上游南岸至定易洲航行警戒区红浮外侧水域为小型船舶上行特定航路。

**第九条** 航行警戒区

在通航条件或船舶航行操纵能力受到限制的水域，为通航能力受到限制的上行船舶穿越通航分道设置航行警戒区（见附件3）。

航行警戒区用界限标标示。

## 第三章　航　　行

**第十条** 船舶必须在规定的通航分道或航路内行驶，并按规定向主管机关设置的交通管制中心报告（具体报告线位置见附件4）。

**第十一条** 在深水航道内，所有船舶一律按各自靠右的航行原则沿规定的通航分道行驶，并尽可能远离分隔带或分隔线。

**第十二条** 超大型船舶、大型船舶、高速船应在深水航道中的通航分道内行驶。

航速慢的大型船舶应尽可能沿通航分道右侧外边缘行驶，在确认安全的前提下，也可进入推荐航路行驶。

**第十三条** 小型船舶必须按规定的推荐航路和特定航路行驶。

慈湖河口至西新圩航行警戒区航段不专门设置下行推荐航路，下行小型船舶下行应沿深水航道通航分道右侧外边缘行驶。

西新圩航行警戒区以下深水航道禁止小型船舶进入行驶。

**第十四条** 超大型船舶在经过航行条件和操纵能力受到限制的水域前，应事先向主管机关报告，在无碍他船行驶且采取必要的监控措施时，可选择航路行驶。但驶过后应及时恢复到规定的通航分道内行驶。

**第十五条** 船舶驶经福姜沙南水道、丑公洲航段，应遵守主管机关颁布的单向航行控制的有关规定（见附件5）。

**第十六条** 船舶驶经桥区水域，应遵守有关桥区航路的专门规定（见附件6）。

**第十七条** 船舶驶经白茆沙北水道、福姜沙北水道、福姜沙中水道、太平洲捷水道、仪征捷水道、宝塔水道、乌江水道等水域，应遵守上述水道航路的专门规定（见附件7）。

**第十八条** 船舶进出亚太、华润、营船港、天生港、江都港等专用航道时，应遵守上述专用航道的专门规定（见附件8）。

**第十九条** 横江渡轮和靠离码头、进出锚地、汊河口及支流河口等需横越通航分道、推荐航路或特定航路的船舶，应当注意航道情况和周围环境，在无碍他船行驶时，尽可能与通航分道成直角就近进行。

**第二十条** 船舶在任何时候均应以安全航速行驶，防止发生事故。

船舶正常航行时，航速不得低于4千米/小时，严禁船舶停车淌航。

## 第四章　停　　泊

**第二十一条** 小型船舶停泊应优先选择锚地、停泊区（海轮锚地或海轮停泊区除外）水域（见附件9），也可根据需要在规定航路以外选择安全的水域，但应尽可能远离通航分道、推荐航路或特定航路。

**第二十二条** 大型船舶、超大型船舶必须在主管机关公布的锚地或停泊区内停泊。

**第二十三条** 船舶如遇有恶劣天气、主机故障等特殊情况需紧急抛锚时，应尽可能让出通航分道、推荐航路或特定航路。

## 第五章 避 让

**第二十四条** 船舶会让时,应优先遵守下列关于船舶避让的特别规定:

(一)未按规定在通航分道、推荐航路或特定航路内行驶的船舶,应主动避让在规定的通航分道、推荐航路或特定航路内正常行驶的船舶;

(二)进出汊河口、支流及专用航道的船舶,应主动避让在规定的通航分道、推荐航路或特定航路内正常行驶的船舶;

(三)横江渡轮和靠离码头、进出锚地的船舶,应主动避让在规定的通航分道、推荐航路或特定航路内正常行驶的船舶;

(四)从航行警戒区横越通航分道或推荐航路的船舶,应主动避让在规定的通航分道或推荐航路内正常行驶的船舶。

**第二十五条** 沿规定通航分道、推荐航路或特定航路行驶的船舶,在经过航行警戒区、码头、锚地、渡口、支流河口、汊河口及大型施工作业区水域之前,应保持高度警惕,加强瞭望,谨慎驾驶,注意横越船动态,并采取有效措施协助避让。

## 第六章 责 任

**第二十六条** 违反本规定进入深水航道行驶的小型船舶,与在深水航道中正常行驶的船舶发生事故,小型船舶应负主要责任或全部责任。

**第二十七条** 违反本规定,逆通航分道或推荐航路、特定航路交通流行驶的船舶与在通航分道、推荐航路或特定航路内正常行驶的船舶发生碰撞事故时,逆交通流行驶的船舶应负主要责任或全部责任。

**第二十八条** 违反本规定,随意横越通航分道、推荐航路或特定航路的船舶,与在通航分道、推荐航路或特定航路内正常行驶的船舶发生碰撞事故时,横越船应负主要责任或全部责任。

**第二十九条** 横江渡轮和靠离码头、进出锚地、汊河口、支流河口、专用航道以及从航行警戒区横越通航分道、推荐航路或特定航路等的船舶,未按本规定主动避让在通航分道、推荐航路或特定航路内正常行驶的船舶导致发生碰撞事故时,横越船应负主要责任。

**第三十条** 违反本规定随意停泊导致发生事故的,停泊船应负主要责任或全部责任。

**第三十一条** 对违反本规定的,由主管机关依法实施行政处罚或采取行政强制措施。

## 第七章 附 则

**第三十二条** 本规定附件与本规定具有同等法律效力。若有变动,由主管机关以航行通告的形式发布。

**第三十三条** 本规定及其附件中下列用语的含义是:

(一)“长江江苏段通航水域”是指长江上界南岸慈湖河口(31°46′30″N/118°29′48″E)与北岸乌江河口(31°50′42″N/118°29′24″E)联线,下界浏河口下游的浏黑屋(31°30′52″N/121°18′54″E)与崇明岛施翘河下游的施信杆(31°37′34″N/121°22′30″E)联线内的一切可供船舶航行的水域;

(二)“超大型船舶”是指船舶实际淡水吃水 9.7 米以上或船长大于 205 米或船舶水面以上最大高度接近预定航区内桥梁、架空电缆允许的通过高度或航行操纵能力受到限制的船舶(队);

(三)“大型船舶”是指船舶实际淡水吃水 4.5 米以上、9.7 米以下或船长大于 50 米、小于 205 米的船舶、船队(吊拖船队除外);

(四)“小型船舶”是指“超大型船舶”与“大型船舶”之外的船舶(队);

（五）“横越”是指船舶横向或斜向驶过规定通航分道、推荐航路或特定航路，或横向越过顺通航分道、推荐航路或特定航路行驶船舶船首方向的过程和行为；

（六）“航行警戒区”是指航行操纵能力受到限制的部分上行船舶由推荐航路横越通航分道进入特定航路或由特定航路横越通航分道进入推荐航路的规定水域；

（七）“高速船”是指静水航速大于 35 千米/小时的船舶。

**第三十四条** 本规定系特别规定，涉及航行、停泊与避让的其他规定与本规定有冲突时，按本规定执行。未尽事宜，按照有关法律、法规执行。

**第三十五条** 本规定经中华人民共和国交通部批准颁布实施，由中华人民共和国江苏海事局负责解释。

**第三十六条** 本规定自 2005 年 10 月 1 日起施行，2003 年 7 月 1 日起施行的《长江江苏段船舶定线制规定》同时废止。

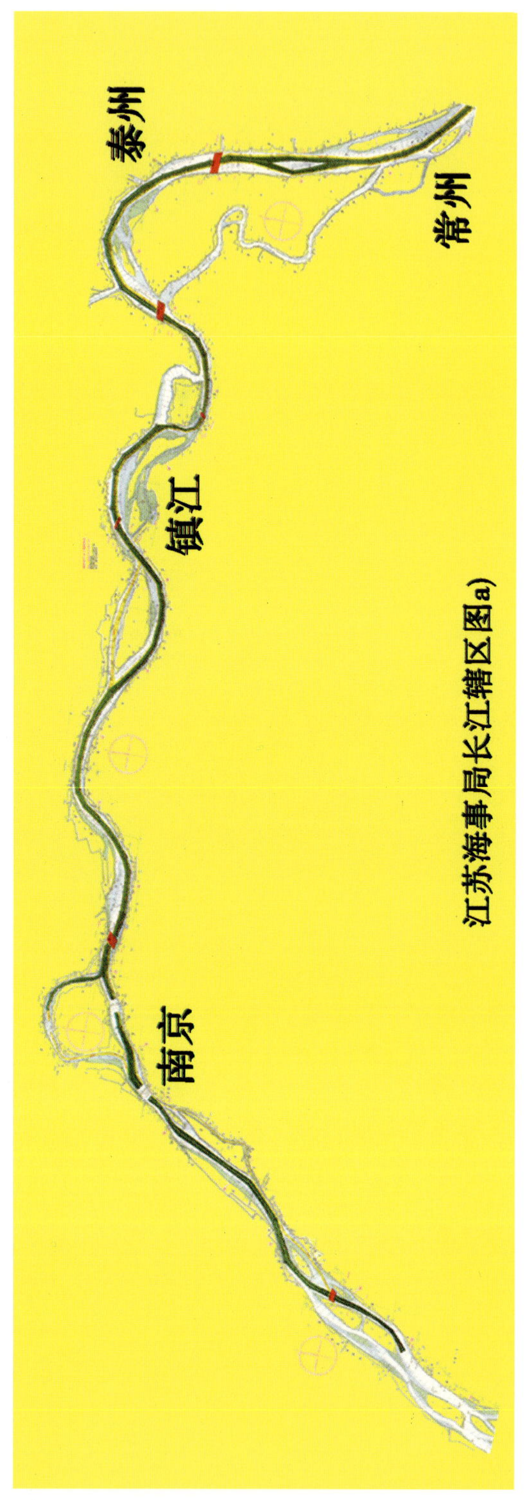


江苏海事局长江辖区图a)

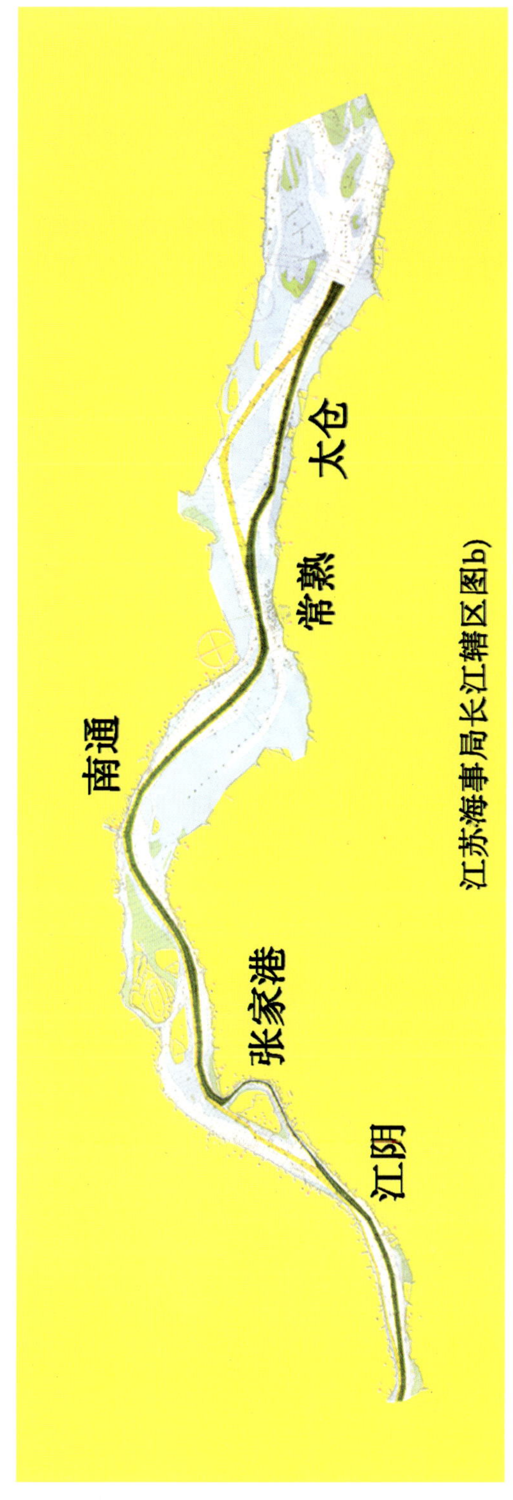


江苏海事局长江辖区图b)

长江江苏段

附件 1

# 深水航道设置标准和尺度

一、龙爪岩以下通航水域:深水航道以 500 米航道宽度、10.5 米水深(理论深度基准面)为标准。

二、龙爪岩至燕子矶通航水域:深水航道以 500 米航道宽度(不足 500 米的以实际航宽,但最窄处不得低于 200 米)、10.5 米水深为标准。

三、燕子矶以上通航水域:深水航道以 500 米航道宽度(不足 500 米的以实际航宽,但最窄处不得低于 200 米)、5 月 1 日至 9 月 30 日以 7.5 米(10 月 1 日至次年 4 月 30 日以 6.5 米)水深为标准。

四、设标原则:

(一)深水航道原则上顺直双侧设标,并在关键转向点航标上加装雷达应答器;

(二)十四圩以下至浏河口(辖区下界)航段航标间距(单侧标间距)不大于 2600 米;十四圩至慈湖河口(辖区上界)航段航标间距(单侧标间距)不大于 3000 米。

附件2

# 推荐航路设置标准和尺度

一、浏河口(辖区下界)至西新圩航行警戒区航段推荐航路:

浏河口(辖区下界)至西新圩航行警戒区航段(福姜沙航段除外)设置船舶上、下行推荐航路。上行推荐航路在深水航道的北侧(黑浮联线外侧),航路宽度为200米,水深5.0米;下行推荐航路在深水航道的南侧(红浮联线外侧),航路宽度为200米,水深5.0米。

福姜沙中水道为上、下行小型船舶、船队航路,航路宽度为400米,水深5.0米。

二、西新圩航行警戒区至慈湖河口(辖区上界)航段推荐航路:

西新圩航行警戒区至慈湖河口(辖区上界)航段不设置下行推荐航路,小型船舶全部沿深水航道下行。

西新圩航行警戒区至慈湖河口(辖区上界)航段设置上行推荐航路。除特定航路水域外,上行推荐航路的设置航段为:太平洲上口航行警戒区至丹徒航行警戒区、定易洲航行警戒区至宝塔水道下口之间黑浮外侧水域,航路宽度为200米,水深为5.0米。

三、在推荐航路中航路宽度不足200米且存在丁坝、浅滩等碍航物的水域,设置相应的示位标。

附件3

# 长江江苏段船舶航行警戒区一览表

| 序　号 | 警戒区名称 | 警戒区范围 | 备　　注 |
|---|---|---|---|
| 1 | 西新圩<br>船舶航行警戒区 | J1-1 与<br>J1-2 塔型界限岸标<br>之间的水域 | 供上行船队及<br>小型船舶穿越使用 |
| 2 | 太平洲上口<br>船舶航行警戒区 | J2-1 与<br>J2-2 塔型界限岸标<br>之间的水域 | 供上行船队及<br>小型船舶穿越使用 |
| 3 | 丹徒<br>船舶航行警戒区 | J3-1 界限浮标与<br>J3-2 塔型界限岸标<br>之间的水域 | 供上行小型船舶<br>穿越使用 |
| 4 | 定易洲<br>船舶航行警戒区 | J4-1 界限浮标与<br>J4-2 塔型界限岸标<br>之间的水域 | 供上行小型船舶<br>穿越使用 |

附件 4

# 长江江苏段船舶动态报告线

| 上 行 船 | | | 下 行 船 | | |
|---|---|---|---|---|---|
| 报告线位置 | 受话机关 | 频道 | 报告线位置 | 受话机关 | 频道 |
| 浏河口 | 南通 VTS 中心 | 69 | 大胜关跨江电缆塔联线 | 南京 VTS 中心 | 69 |
| 长江#39 红浮与长江#39 左右通航浮联线 | 张家港 VTS 中心 | 69 | 十二圩烟囱与新河口联线 | 镇江 VTS 中心 | 9 |
| 螃蜞港与大河港联线 | 江阴 VTS 中心 | 69 | 润扬大桥 | 镇江 VTS 中心 | 9 |
| 五十五圩三角测点与五圩过河标联线 | 泰州交管中心 | 69 | 嘶马树三角岸标与对岸联线 | 泰州交管中心 | 69 |
| 嘶马树锥形岸标与对岸垂直联线 | 镇江 VTS 中心 | 9 | 夹港与利港联线 | 江阴 VTS 中心 | 69 |
| 马鞍矶红浮与风鼓圩三角测点联线 | 镇江 VTS 中心 | 9 | 江阴大桥 | 张家港 VTS 中心 | 69 |
| 十二圩烟囱与新河口联线 | 南京 VTS 中心 | 69 | 长江#33 黑浮与西界港河口联线 | 南通 VTS 中心 | 69 |

附件 5

# 福姜沙南水道、尹公洲航段单向航行控制规定

**一、福姜沙南水道单向航行控制规定：**

（一）受控对象：3000 载重吨及以上船舶、拖带量 3000 载重吨及以上的船队。

（二）受控航段：

1. 长江#45 左右通航浮与#45 红浮联线至长江#47 黑浮与德积示位标联线之间水域；

2. 长江#48 黑浮至长江#52 黑浮与化工码头联线之间水域；

3. 长江#56 黑浮与长江#56 红浮联线至长江#58 黑浮与大河港联线之间水域。

（三）船舶等让水域：

1. 上行船舶等让水域：

（1）长江#41 黑浮与#41 红浮联线至长江#43 黑浮与#43 红浮联线之间水域；

（2）长江#46 黑浮与#46 红浮联线至长江#48 黑浮之间水域；

（3）长江#52 黑浮与化工码头联线至长江#55 黑浮与巫山港河口联线之间水域。

2. 下行船舶等让水域：

（1）江阴大桥至长江#59 左右通航浮与#59 红浮联线之间水域；

（2）长江#55-1 红浮与#55 黑浮至长江#52 黑浮与大江国际码头联线之间水域；

（3）长江#46 黑浮与#46 红浮联线至长江#48 黑浮之间水域。

（四）等让原则：逆流船舶等让顺流船舶、拟驶进的船舶等让正在驶出的船舶、拟始发的船舶等让正在通过该水域的船舶。

**二、尹公洲单向航行控制规定：**

（一）受控对象：3000 总吨及以上船舶；3000 载重吨及以上的船队。

（二）受控航段：

1. 长江#105-1 红浮与长江#105-1 黑浮联线至尹公洲下塔形岸标与长江#104 红浮联线之间水域；

2. 长江#100 黑浮与长江#100 红浮联线至长江#101 黑浮与#101 红浮联线之间水域。

（三）船舶等让水域：上下行船舶应在单向航行控制段外附近的安全水域等让。

（四）等让原则：逆流船舶等让顺流船舶、拟驶进的船舶等让正在驶出的船舶。

附件 6

# 长江江苏段桥区航路规定

**一、南京大桥桥区航路规定：**

南京长江大桥通航按《南京长江大桥水上交通安全管理规定》执行。

**二、南京长江第二大桥桥区船舶航路规定：**

1. 南汊桥桥区水域：上界为桥轴线上游 1500 米处南北两岸联线；下界为桥轴线下游 800 米处南北两岸联线。

南汊桥桥孔自北向南顺序排列，其中 1 号、3 号桥孔为小型船舶上行通道；2 号桥孔为上下行船舶通道，船舶在此通道内各自靠右航行，航路宽度各为航标标示宽度的二分之一。

2. 北汊桥桥区水域：上界为桥轴线上游 1000 米处南北两岸联线；下界为桥轴线下游 700 米处南北两岸联线。

北汊桥自北向南顺序排列，其中 7 号桥孔为上行船舶通道，8 号桥孔为下行船舶通道。

附件 7

# 长江江苏段汊江、捷水道航路规定

**一、白茆沙北水道船舶航路规定**

（一）水域范围：上界为长江#15 左右通航浮与长江#B13 甲浮联线；下界为长江#3 黑浮与长江#4 左右通航浮联线。

（二）航行原则：按各自靠右航行原则实行分道通航。

（三）通过限制：船舶应根据航道部门公布的航道设标维护水深，在确保安全的前提下通过。

**二、福姜沙北水道船舶航路规定**

（一）水域范围：上界为福北#12-1 左右通航浮与福北#12 黑浮（六助港河口）联线，下界为长江#38-1 左右通航浮与福北#1 黑浮联线之间的通航水域。

（二）维护水深：理论最低潮面下 7.5 米。

（三）航标设置：按长江江苏段船舶定线制航标设置标准设置。

（四）航行原则：福姜沙北水道全航段为上行船舶航道，实行单向通航。禁止下行船舶通过该水道。

（五）通过限制：

1. 船舶应根据航道部门公布的航道设标维护水深、潮汐、本船实际吃水情况，在保障足够剩余水深的前提下选择通过；

2. 福姜沙北水道主要供上行受福姜沙中水道设标维护水深限制的船舶使用，下行过境船舶应选择福姜沙中水道或福姜沙南水道通过；

3. 进入福姜沙北水道内码头、锚地作业的船舶可以下行，遇上行船舶时各自靠右，互会左舷；

4. 船舶在特殊情况下通过福姜沙南水道下行受限时，提前 24 小时向张家港海事局提出书面申请，经同意后采取特殊监控措施通过福姜沙北水道；

5. 3000 总吨及以上船舶或 3000 载重吨及以上船队在福姜沙北水道下口、福北#4 红浮至福北#6 红浮航段不得追越或对驶相遇。

（1）等让原则：逆流船等让顺流船；上行船等让下行船；

（2）等让地点：上行船在福北#4 红浮以下航段；下行船在福北#6 红浮以上航段。

上述船舶在航经以上航段前应在 VHF06 频道主动通报本船的动态。

（六）船舶停泊：进入如皋港、焦港、永济港作业待泊的船舶，在福北#6 红浮至福北#8 红浮联线南侧 200 米范围内锚泊。

（七）有关船舶应按《中华人民共和国江苏海事局船舶交通管理系统安全监督管理办法》的规定，向张家港船舶交通管理中心报告。

1. 报告内容：船名、国籍、船籍港、总长、总吨、实际吃水、货物种类、始发港或上一港、目的港及海事主管机关需要了解的其他信息。

2. 报告位置：

（1）上行在长江#37 黑浮；

（2）下行在江阴长江公路大桥。

3. 从福姜沙北水道始发的船舶在离泊前应向张家港船舶交通管理中心报告。

（八）福北#12-1 左右通航浮与福北#12 黑浮联线至福北#15 黑浮航段仍按福姜沙中水道船舶航路规定执行。

**三、福姜沙中水道船舶航路规定**

（一）水域范围：上界为长江#59 左右通航浮与福姜沙北水道福北#15 黑浮联线；下界为长江#45 左

右通航浮与福姜沙中水道福中#1 黑浮之间的长江通航水域。

(二)航行原则:按各自靠右航行原则实行分道通航。

(三)通过限制:船舶应根据航道部门公布的航道设标维护水深,在确保安全的前提下通过。正常情况下,不受福姜沙中水道设标维护水深限制的船舶,不得选择福南水道或福姜沙北水道过境通过。

**四、太平洲捷水道船舶航路规定**

(一)水域范围:上界为五峰山岸咀与蒋家港三角测点联线;下界为太平洲捷水道下左右通航浮。

(二)航行原则:按各自靠右航行原则实行分道通航。

(三)通过限制:允许 200 总吨以下船舶通过,其他船舶需要通过的,应事先经主管机关批准。

**五、仪征捷水道船舶航路规定**

(一)水域范围:上界为仪征捷水道上口;下界为仪征捷水道下口。

(二)航行原则:仪征捷水道全航段为上行船舶航道,实行单向通行。

禁止下行船舶通过该水道,进入作业的船舶除外。

(三)通过限制:供上行小型船舶通过和上行船队选择通过。

**六、宝塔水道船舶航路规定**

(一)水域范围:上界为八卦洲洲头西方角三角测点 270 度端线处,下界为天河口三角测点 090 度端线处。

(二)航行原则:按各自靠右航行原则实行分道通航。

(三)控制规定:宝塔水道内扬子石化专用航道实行单向航行控制。

1. 水域范围:上界为北岸马汊河口处,下界为宝塔水道下界处。

2. 受控船舶:5000 总吨(735 千瓦)及以上船舶(队)、化学品船舶、液化气船舶及其他需要控制的船舶。

3. 等让水域:进口受控船舶在长江#136 黑浮下 2000 米北岸一侧航道内;出口受控船舶在扬子石化码头(靠泊在扬子石化码头的船舶)和扬子 8 号码头对开航道内。

4. 通信联系:上行进口受控船舶在长江#134 黑浮(No. 25 锚地)、下行进口受控船舶在南京长江第二大桥南汊桥处、下行受控船舶在预计驶出宝塔水道下界前 1 小时,向主管机关报告并经批准,同时用甚高频无线电话及其他一切有效方式与相关船舶联系,确认安全无误后方可进出。

5. 等让原则:进口受控船舶等候出口受控船舶,准备开航的受控船舶等候正在通过该水域的受控船舶。

**七、乌江水道船舶航路规定**

(一)水域范围:上界为乌江河口至慈湖河口联线;下界为大箭山塔形侧面岸标与乌江下左右通航浮联线。

(二)航标设置:设标宽度为 200 米,不足 200 米的以实际航道宽度为准,但不小于 150 米。一般情况下同侧相邻航标间距不大于 3000 米,航道设标水深 4.5 米(特殊年份水深达不到 4.5 米时以航道部门公布的为准)。

(三)航行原则:乌江水道全航段为上行船舶单向航道,实行单向通行,供上行小型船舶和船队上行通过,禁止下行船舶下行通过该水道。

附件 8

# 长江江苏段专用航道航路规定

**一、常熟华润、亚太专用航道船舶航路规定**

(一)水域范围:上界为常电#2 左右通航浮与常港#6 红浮联线;下界为亚太#1 红浮与亚太#2 白浮联线。

(二)航行原则:按各自靠右航行原则实行分道通航。

(三)通过限制:允许小型船舶通过。500 总吨以上危险品船舶和大型船舶进出该水道,应事先经主管机关批准。

**二、营船港专用航道船舶航路规定**

(一)水域范围:(狼山沙北槽)上界为华洋化工码头上端,下界为长江#19 黑浮。

(二)航行原则:按各自靠右航行原则实行分道通航。

(三)控制规定:

1. 受控船舶:3000 总吨(735 千瓦)或长度 100 米及以上船舶(队)、化学品船舶、液化气船舶及其他需要控制的船舶。

2. 等让水域:进口受控船舶在营#2 红浮下;出口受控船舶在营#4 红浮上。

3. 通信联系:受控船舶在到达等待点前 1 小时,向主管机关报告并经批准,同时应使用甚高频无线电话及其他一切有效方式与相关船舶联系,确认安全无误后方可进出。

4. 等让原则:进口受控船舶等候出口受控船舶,上行受控船舶等候下行受控船舶,准备开航的受控船舶等候正在通过该水域的受控船舶。

**三、天生港专用航道船舶航路规定**

(一)水域范围:(横港沙北槽)上界为九圩港河口,下界为通吕河口。

(二)航行原则:按各自靠右航行原则实行分道通航。

(三)控制规定:

1. 受控船舶:3000 总吨(735 千瓦)或长度 100 米及以上船舶(队)、化学品船舶、液化气船舶及其他需要控制的船舶。

2. 等让水域:进口受控船舶在天#2 红浮以下水域;出口受控船舶在天#4 红浮以上水域。

3. 通信联系:受控船舶在到达等待点前 1 小时,向主管机关报告并经批准,同时使用甚高频无线电话及其他一切有效方式与相关船舶联系,确认安全无误后方可进出。

4. 等让原则:进口受控船舶等候出口受控船舶,逆流受控船舶等候顺流受控船舶,准备开航的受控船舶等候正在通过该水域的受控船舶。

**四、江都港专用航道船舶航行规定**

(一)水域范围:三江营河口至八江口之间通航水域。

(二)航行原则:按各自靠右航行原则实行分道通航。

附件 9

# 长江江苏段锚地及停泊区一览表

## (一)锚　　地

| 编号 | 名　称 | 位　置 | 尺度(米) | 用　途 |
|---|---|---|---|---|
| No. 1 | 太仓港<br>海轮锚地 | 浏河水道长江#6 黑浮<br>至长江#7 黑浮北侧 | 3000×800 | 供海轮锚泊 |
| No. 2 | 常熟<br>海轮锚地 | 白茆沙水道长江#12 黑浮<br>至长江#16 黑浮北侧 | 4800×700 | 供海轮锚泊 |
| No. 3 | 常熟港<br>过驳锚地 | 通州沙中水道<br>(常熟港专用水道) | 4000×700 | 供待泊及过驳 |
| No. 4 | 南通油轮<br>临时过驳锚地 | 长江#24 黑浮北侧 | 半径 440 | 供油轮过驳 |
| No. 5 | 南通<br>联检锚地 | 长江#25 黑浮<br>至长江#26 黑浮北侧 | 2500×600 | 供检疫 |
| No. 6 | 南通港<br>2 号乙锚地 | 南通水道<br>长江#28 红浮南侧 | 2200×900 | 供长江驳船锚泊 |
| No. 7 | 南通港<br>2 号甲锚地 | 南通水道长江#29 红浮<br>至长江#31 红浮南侧 | 2500×1000 | 供长江驳船锚泊 |
| No. 8 | 南通海轮<br>临时过驳锚地 | 南通水道长江#32 红浮<br>至长江#33 红浮南侧 | 长 1600<br>端宽 800、400 | 供海轮锚泊 |
| No. 9 | 张家港<br>(通沙)海轮锚地 | 南通水道长江#33 红浮<br>至长江#34 红浮南侧 | 2000×600 | 供海轮锚泊 |
| No. 10 | 南通港<br>上锚地 | 通吕河口上游<br>航道南侧 | 长 2000<br>端宽 200、500 | 供小型船舶锚泊 |
| No. 11 | 张家港<br>危险品锚地 | 浏海沙水道长江#39 黑浮<br>至长江#41 黑浮北侧 | 3350×550 | 供危险品船舶锚泊 |
| No. 12 | 江阴港<br>海轮锚地 | 福北水道福北#11 黑浮<br>至福北#12 黑浮北侧 | 2800×650 | 供海轮锚泊 |
| No. 13 | 福中锚地 | 长江#56 黑浮<br>至长江#58 黑浮北侧 | 1500×350 | 供长航驳船锚泊 |
| No. 14 | 江阴港<br>危险品锚地 | 福北水道福北#13 黑浮<br>至福北#14 黑浮北侧 | 1800×600 | 供危险品船锚泊 |
| No. 15 | 江阴锚地 | 江阴水道长江#63 黑浮<br>至长江#64 黑浮北侧 | 2000×500 | 供小型船舶锚泊 |

续上表

| 编号 | 名　称 | 位　置 | 尺度(米) | 用　途 |
|---|---|---|---|---|
| No. 16 | 常州港<br>海轮锚地 | 泰兴水道长江#72 黑浮<br>至长江#73 黑浮北侧 | 3000×600 | 供海轮锚泊 |
| No. 17 | 口岸锚地 | 口岸直水道长江#82 黑浮<br>至长江#83 黑浮北侧 | 2000×400 | 供小型船舶锚泊 |
| No. 18 | 镇江港<br>海轮锚地 | 口岸直水道<br>长江#92 红浮至长江#93 红浮南侧 | 长 2100<br>端宽 640、840 | 供海轮锚泊 |
| No. 19 | 镇江<br>定易洲锚地 | 焦山水道长江#110 红浮<br>至长江#111 红浮南侧 | 3400×350 | 供长江驳船锚泊 |
| No. 20 | 南京港<br>联检锚地 | 仪征水道长江#122 红浮<br>至长江#123 红浮南侧 | 3000×400 | 供检疫 |
| No. 21 | 仪征<br>油轮锚地 | 仪征水道长江#124 红浮<br>至长江#125 红浮南侧 | 上段长 1900<br>端宽 230、350<br>下段<br>1700×400 | 供油轮锚泊<br>油驳作业 |
| No. 22 | 仪化锚地 | 龙潭水道长江#127 黑浮<br>至长江#128 黑浮北侧 | 长 900<br>端宽 200、250 | 供小型船舶锚泊 |
| No. 23 | 乌鱼洲<br>锚地 | 龙潭水道长江#128 黑浮<br>至长江#129 黑浮北侧 | 2360×150 | 供海轮系泊 |
| No. 24 | 栖霞山<br>油轮锚地(下段) | 龙潭水道长江#131-1 黑浮<br>至长江#132 黑浮北侧 | 2400×720 | 供油轮、油驳锚泊 |
| No. 25 | 栖霞山<br>油运锚地(上段) | 龙潭水道长江#132 黑浮<br>至长江#133 黑浮北侧 | 2400×420 | 供油轮过驳 |
| No. 26 | 新生圩锚地 | 草鞋峡捷水道长江#135-1<br>黑浮至南京二桥下北侧 | 1360×150 | 供海轮系泊 |
| No. 27 | 上元门锚地 | 草鞋峡水道<br>上元门港区前沿 | 1700×400 | 供驳船及小型船舶锚泊 |
| No. 28 | 梅中锚地 | 南京水道<br>梅子洲与潜洲间 | 长 2000<br>端宽 270、300 | 供驳船及小型船舶锚泊 |
| No. 29 | 梅子洲锚地 | 南京水道<br>N5 红浮至 N6 红浮南侧 | 2000×400 | 供驳船及小型船舶锚泊 |

## (二)停 泊 区

| 名 称 | 位 置 | 尺度(米) | 用 途 |
|---|---|---|---|
| 停 1 | 长江#3 黑浮至白北#2 黑浮东侧 | 4000×900 | 供大型船舶停泊 |
| 停 2 | 长江#7 黑浮至长江#9 黑浮北侧 | 2500×900 | 供大型船舶停泊 |
| 停 3 | 白北#12 黑浮至长江#17 黑浮北侧 | 5000×800 | 供大型船舶停泊 |
| 停 4 | 常熟水道倒套内 | 3500 ×500 | 供小型船舶停泊 |
| 停 5 | 长江#21 红浮至长江#24 红浮西侧 | 6000 ×1000 | 供大型船舶停泊 |
| 停 6 | 长江#23 黑浮至长江#25 黑浮东侧 | 6000 ×1000 | 供大型船舶停泊 |
| 停 7 | 长江#32 红浮至长江#35 红浮南侧 | 3000 ×400 | 供大型船舶停泊 |
| 停 8 | 长江#34 黑浮至长江#37 黑浮北侧 | 4500 ×1000 | 供小型船舶停泊 |
| 停 9 | 长江#38 黑浮北侧 | 1200 ×500 | 供小型船舶停泊 |
| 停 10 | 长江#51 黑浮至长江#52 黑浮北侧 | 1400 ×300 | 供小型船舶停泊 |
| 停 11 | 长江#54 黑浮至长江#57 黑浮北侧 | 3000 ×400 | 供小型船舶停泊 |
| 停 12 | 福北水道福北#6 红浮至福北#8 红浮联线南侧 | 800 ×200 | 供小型船舶停泊 |
| 停 13 | 福北#12 黑浮至福北#13 黑浮联线北侧 | 3500 ×600 | 供大型船舶停泊 |
| 停 14 | 长江#63 黑浮至长江#64 黑浮北侧 | 3200 ×600 | 供大型船舶停泊 |
| 停 15 | 长江#66 黑浮至长江#67 黑浮北侧 | 2600 ×600 | 供大型船舶停泊 |
| 停 16 | 录安洲夹江下口 | 1800 ×400 | 供小型船舶停泊 |
| 停 17 | 录安洲夹江上口 | 1000 ×400 | 供小型船舶停泊 |
| 停 18 | 孢子洲 | 1700 ×400 | 供小型船舶停泊 |
| 停 19 | 长江#77 黑浮至 T#1 黑浮北侧 | 4600 ×700 | 供大型船舶停泊 |
| 停 20 | 长江#81 黑浮至长江#83 黑浮联线<br>与 T3 红浮至 T5 红浮联线之间<br>以长江#82 黑浮与 T4 红浮为轴线<br>上下各 1500 米水域范围 | 3000 ×600 | 供大型船舶停泊 |
| 停 21 | 长江#85 黑浮东侧 | 1500 ×500 | 供大型船舶停泊 |
| 停 22 | 太平洲上口 | 2000 ×400 | 供小型船舶停泊 |
| 停 23 | 和畅洲上口 | 1800 ×400 | 供小型船舶停泊 |
| 停 24 | 长江#118 黑浮至长江#119 黑浮北侧 | 2800 ×500 | 供大型船舶停泊 |
| 停 25 | 仪征捷水道上口 Y3 红浮南侧 | 2200 ×400 | 供小型船舶停泊 |
| 停 26 | 长江#130 黑浮北侧龙潭倒套内 | 600 ×300 | 供大型船舶停泊 |
| 停 27 | 宝塔水道下口 | 1400 ×400 | 供小型船舶停泊 |
| 停 28 | 宝塔水道扬子码头 | 1600 ×400 | 供小型船舶停泊 |
| 停 29 | 宝塔水道大厂码头 | 1000 ×400 | 供小型船舶停泊 |
| 停 30 | 南京水道九袱洲沿岸 | 1700 ×400 | 供小型船舶停泊 |
| 停 31 | 南京水道南京三桥上 800 米 | 1600 ×400 | 供小型船舶停泊 |

# 长江安徽段船舶定线制规定 *

## 第一章 总 则

**第一条** 为维护长江安徽段水上交通秩序,改善通航环境,保障航行安全,提高通航效率,促进航运发展,依据《中华人民共和国内河交通安全管理条例》等法规,制定本规定。

**第二条** 长江安徽段白茆水道高安圩至凡家矶水道慈湖河口之间的通航水域实行船舶定线制。

船舶定线制遵循各自靠右航行、大船小船分流、减少航路交叉及过错责任的原则。

**第三条** 凡在本规定水域范围内航行、停泊、作业的船舶,均应遵守本规定。

但正在执行公务的船舶、紧急情况下进行海难救助的船舶、从事航道维护作业的船舶以及经海事管理机构批准的船舶,在不妨碍他船安全的前提下,可以不受本规定的航路条款限制。

**第四条** 中华人民共和国长江海事局及其分支机构、派出机构(简称"海事管理机构")负责本规定的监督实施。

## 第二章 航 路

**第五条** 在适宜划定通航分道的水域,按通航分道设置标准设置通航分道(见附录1),并以航标标示。

上、下行通航分道以航道中心线为分隔线,左岸一侧通航分道为上行船舶航路,右岸一侧通航分道为下行船舶航路。

**第六条** 在通航水域内按单向通行航路设置标准设置单向通行航路(见附录2),并以航标标示。

**第七条** 在通航分道外侧按推荐航路设置标准设置推荐航路(见附录3)。

**第八条** 在分隔线左右两侧一定范围内,按深水航路设置标准设置深水航路(见附录4)。

**第九条** 在通航环境较复杂的水域设置航行警戒区(见附录5)。

## 第三章 航 行

**第十条** 船舶应当在规定的航路内航行。

**第十一条** 船舶在通航分道内航行应尽可能远离分隔线。

**第十二条** 不受小黄洲左汊、乌江水道航路水深限制的船舶,除进入马鞍山港作业外,应当在该水道航行。

**第十三条** 实际吃水小于2.7米的小型船舶应当选择推荐航路航行。

在未设置推荐航路的航段,小型船舶在确保自身安全的前提下,可以沿通航分道外侧水域航行,但应与相邻通航分道内船舶主流向保持一致。

---

* 本定线制规定由交通部交海发[2005]243号文件发布,2005年10月1日起施行。

**第十四条**　深吃水船舶应在深水航路内航行。

**第十五条**　船舶驶经航行警戒区时，应当遵守航行警戒区通航规定，谨慎航行。

**第十六条**　船舶在太平府水道航行时，应当遵守太平府水道通航规定（见附录6）。

**第十七条**　船舶驶经桥区水域时，应当遵守桥区水域通航规定（见附录7）。

**第十八条**　船舶靠离码头，进出锚地、停泊区、支流（汊）河口、横江渡运等，需穿越规定航路时，应无碍他船航行。

船舶在穿越规定航路时，应注意周围情况，尽可能与航路成直角就近进行。

**第十九条**　船舶驶经港区、桥区、施工区、停泊区、航行警戒区、锚地、渡口、支流（汊）河口等水域时，应保持正规瞭望，注意穿越船的动态，谨慎驾驶。

**第二十条**　船舶在出现紧迫局面有碰撞危险时，为避免事故发生，在确保航行安全的条件下，可以偏离规定航路。紧迫局面消除后，应尽快回到规定的航路，并向海事管理机构报告。

**第二十一条**　船舶应当以安全航速行驶。

**第二十二条**　船舶在航路内正常航行时，航速不得低于4千米/小时。

船舶因靠离码头，进出锚地、停泊区，需减速航行时，应当尽可能靠航路右侧航行。

## 第四章　停　　泊

**第二十三条**　船舶应在规定的锚地、停泊区内锚泊、停泊（见附录8）。

小型船舶也可以在规定的锚地、停泊区以外的水域锚泊、停泊，但应尽可能远离航路。

**第二十四条**　船舶遇恶劣天气、机器故障等特殊情况和有沉没危险，需要紧急锚泊、停泊时，应尽可能让出航路，并及时向海事管理机构报告。

## 第五章　避　　让

**第二十五条**　不使用规定航路航行的船舶应当主动避让沿规定航路航行的船舶。

**第二十六条**　进出支流（汊）河口的船舶，应当主动避让干流中沿规定航路航行的船舶。

**第二十七条**　穿越规定航路的船舶，应当主动避让沿规定航路航行的船舶。

## 第六章　责　　任

**第二十八条**　船舶未按本规定第二十五条、第二十六条、第二十七条要求主动避让他船导致碰撞事故的，应负主要或全部责任。

**第二十九条**　船舶违反单向通行航路规定，导致与沿规定航路航行的船舶发生碰撞事故的，应负主要或全部责任。

**第三十条**　船舶违反航行警戒区规定，导致与按航行警戒区规定航行的船舶发生碰撞事故的，应负主要或全部责任。

**第三十一条**　船舶违反本规定随意锚泊、停泊导致发生碰撞事故的，应负主要或全部责任。

**第三十二条**　海事管理机构依照有关法律法规对违反本规定的行为予以行政处罚或采取行政强制措施。

## 第七章　附　　则

**第三十三条**　本规定附录与条文具有同等的法律效力，若有变动，由中华人民共和国长江海事局发布航行通告。

**第三十四条** 本规定中下列用语的含义：

（一）本规定水域范围，是指上界为芜湖白茆水道右岸定线制标牌（31°12′48″N/ 118°05′49″E）与左岸定线制标牌（31°13′26″N/ 118°05′13″E ）联线，下界为右岸慈湖河口（31°46′30″N/ 118°29′48″E ）至左岸乌江河口（31°50′42″N/ 118°29′24″E）联线间的通航水域，但不包括裕溪口水道。

（二）停泊区，是指由海事管理机构公布的供船舶停泊的水域。

（三）穿越，是指船舶以横向或以较大角度由通航分道一侧驶入另一侧的过程和行为。

（四）小型船舶，是指实际吃水 4.5 米以下或船长小于 50 米的船舶（队）。

（五）深吃水船舶，是指实际吃水超过 6.0 米的船舶。

**第三十五条** 本规定系特别规定，涉及航行、停泊与避让的其他规定与本规定有冲突的，按本规定执行。未尽事宜，按有关规定执行。

**第三十六条** 本规定由中华人民共和国交通部颁布，由中华人民共和国长江海事局负责解释。

**第三十七条** 本规定自 2005 年 10 月 1 日起施行。

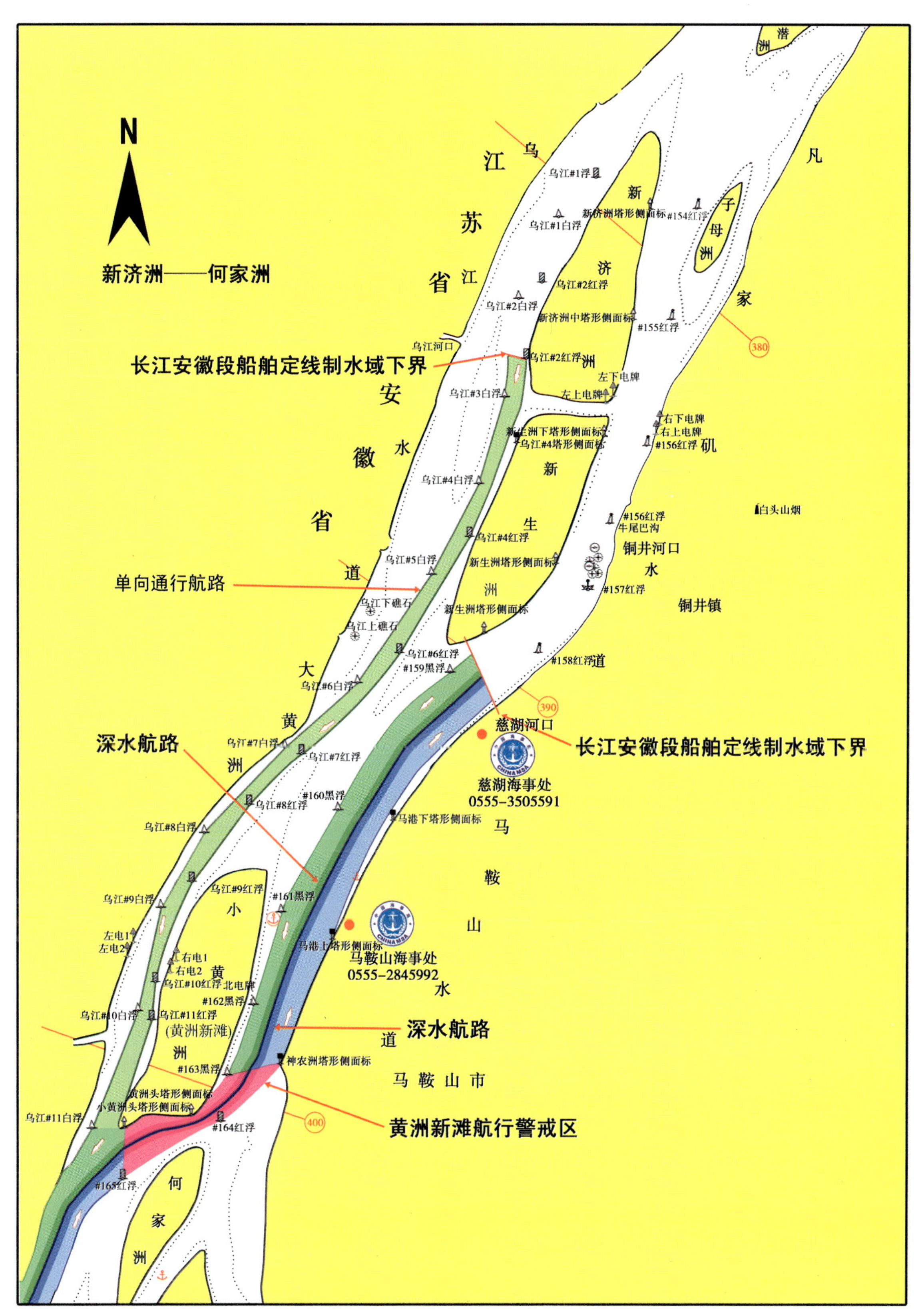
N
新济洲——何家洲
长江安徽段船舶定线制水域下界
单向通行航路
深水航路
深水航路
黄洲新滩航行警戒区
长江安徽段船舶定线制水域下界
江苏省
安徽省
乌江
新济洲
子母洲
凡家矶
新生洲
小黄洲
(黄洲新滩)
何家洲
大黄洲水道
马鞍山水道
铜井河口水道
乌江河口
慈湖河口
铜井镇
马鞍山市
慈湖海事处
0555-3505591
马鞍山海事处
0555-2845992
白头山烟
380
390
400

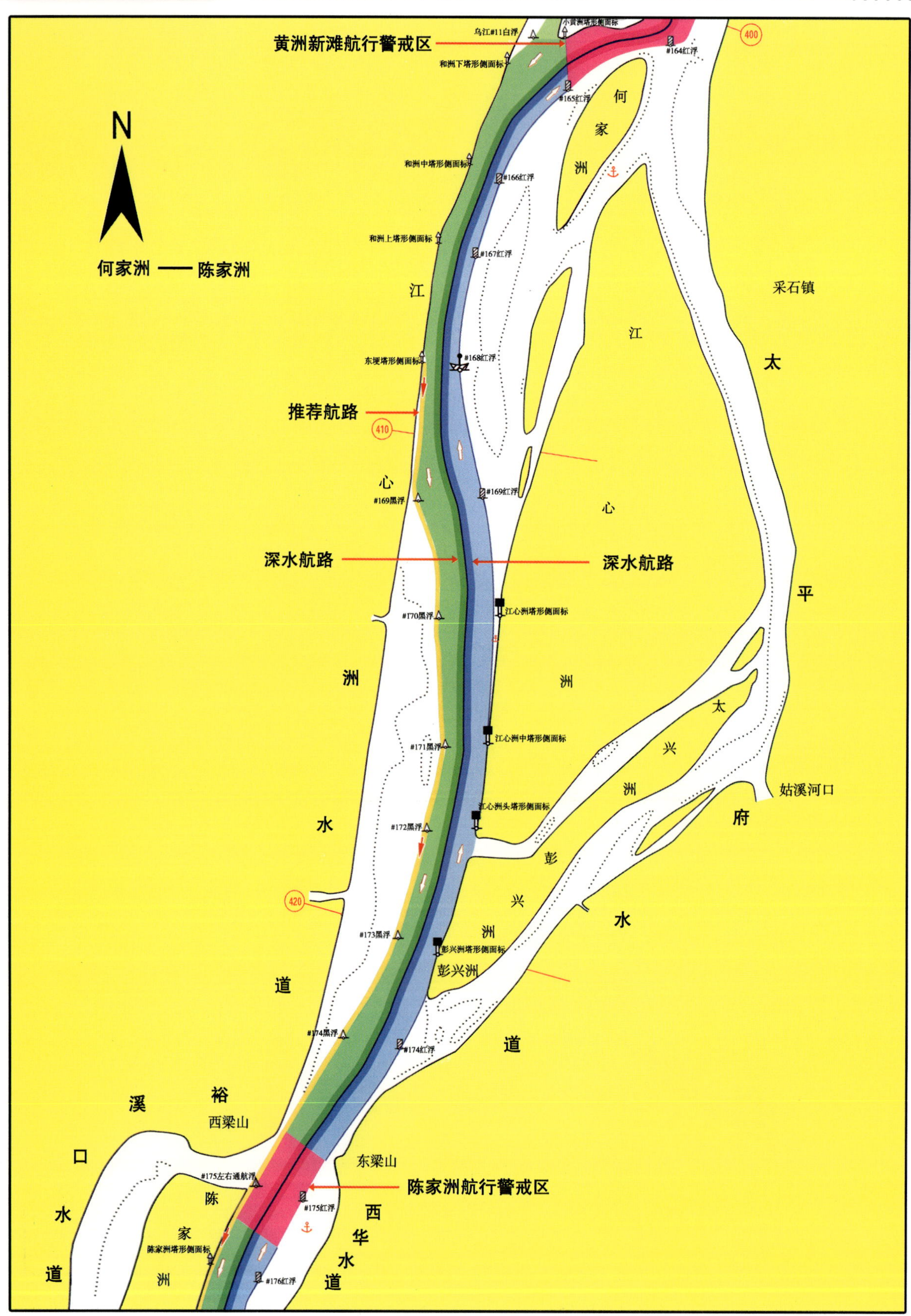

N
何家洲 —— 陈家洲
黄洲新滩航行警戒区
推荐航路
深水航路
深水航路
陈家洲航行警戒区
采石镇
姑溪河口
西梁山
东梁山
彭兴洲
400
410
420

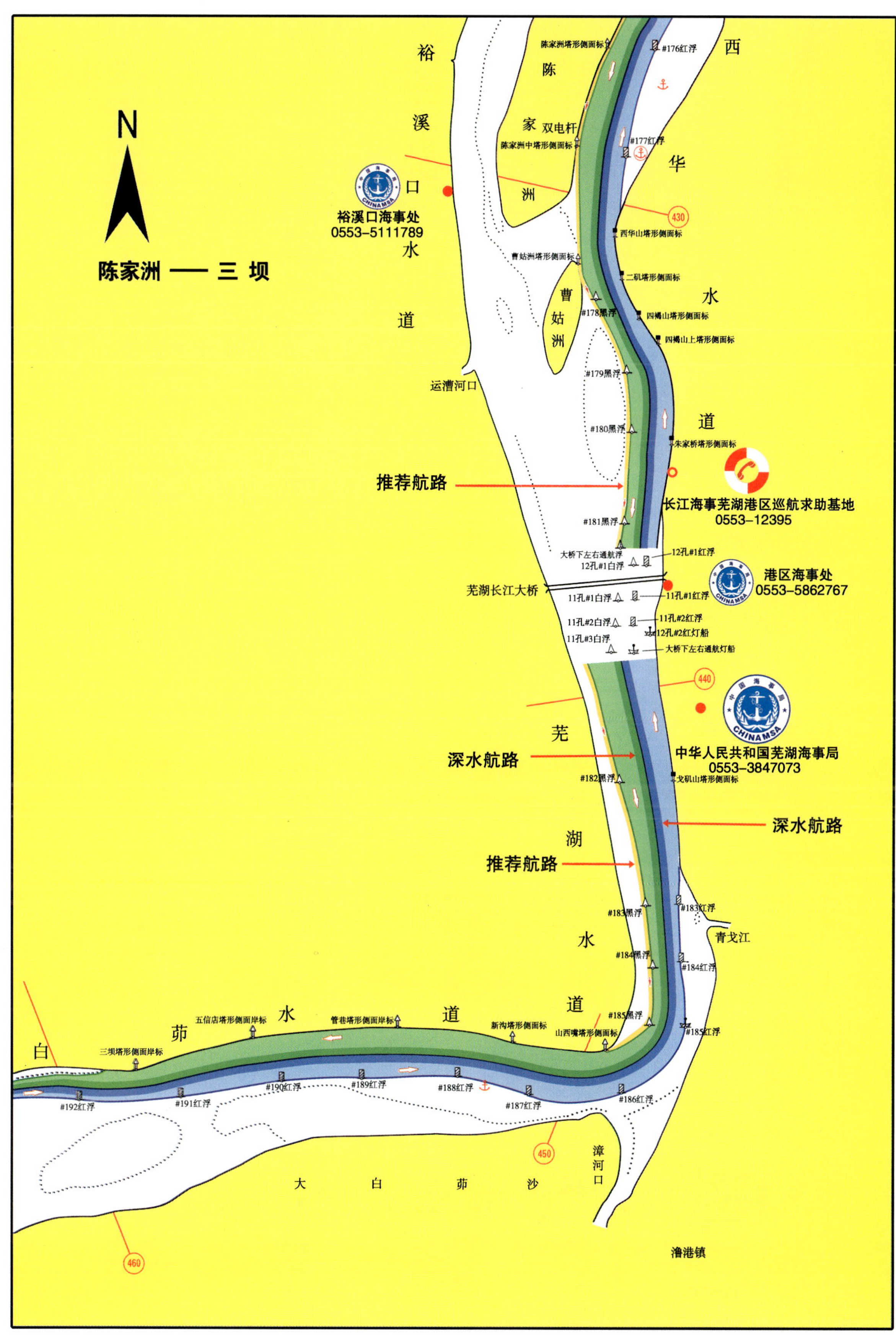

N
陈家洲 —— 三 坝
裕溪口水道
西华水道
陈家洲
曹姑洲
双电杆
陈家洲塔形侧面标
陈家洲中塔形侧面标
#176红浮
#177红浮
430
西华山塔形侧面标
曹姑洲塔形侧面标
二矶塔形侧面标
#178黑浮
四褐山塔形侧面标
四褐山上塔形侧面标
#179黑浮
运漕河口
#180黑浮
朱家桥塔形侧面标
裕溪口海事处
0553-5111789
推荐航路
长江海事芜湖港区巡航求助基地
0553-12395
#181黑浮
大桥下左右通航浮
12孔#1白浮
12孔#1红浮
芜湖长江大桥
11孔#1白浮
11孔#1红浮
港区海事处
0553-5862767
11孔#2白浮
11孔#2红浮
12孔#2红灯船
11孔#3白浮
大桥下左右通航灯船
440
芜湖水道
深水航路
中华人民共和国芜湖海事局
0553-3847073
#182黑浮
戈矶山塔形侧面标
深水航路
推荐航路
#183黑浮
#183红浮
青弋江
#184黑浮
#184红浮
#185黑浮
#185红浮
山西嘴塔形侧面标
新沟塔形侧面标
管巷塔形侧面岸标
五信店塔形侧面岸标
三坝塔形侧面岸标
白茆水道
#192红浮
#191红浮
#190红浮
#189红浮
#188红浮
#187红浮
#186红浮
450
漳河口
大白茆沙
460
澛港镇

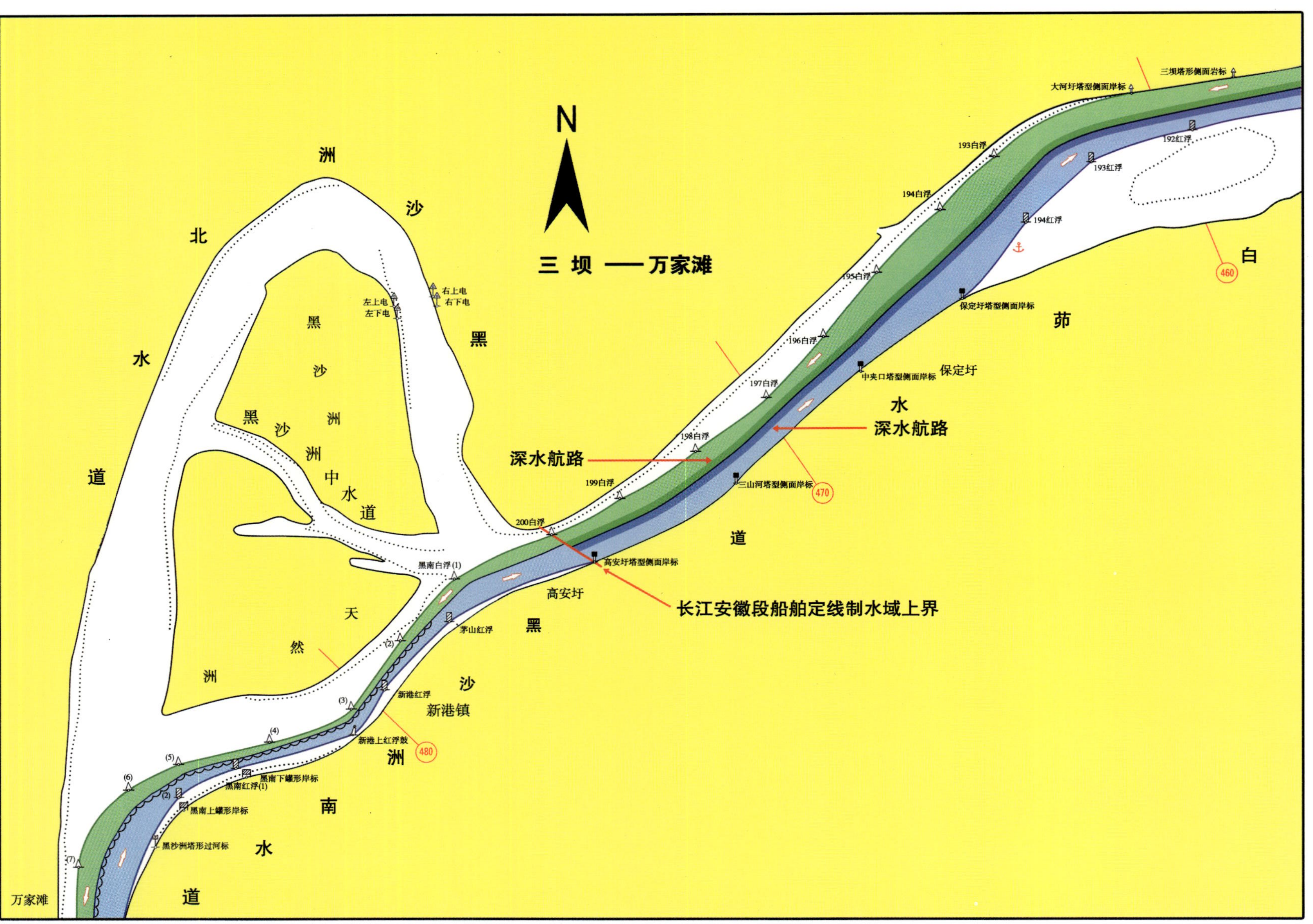

三坝——万家滩
N
深水航路
深水航路
长江安徽段船舶定线制水域上界
白
茆
水
道
460
470
480
保定圩
高安圩
黑
沙
洲
南
水
道
新港镇
北
水
道
黑沙洲中水道
黑沙洲
天然洲
万家滩

附录1

# 通航分道设置标准

通航分道宽度为500米(有条件的河段应当放宽;不足500米的以实际航道宽度为准,但不小于200米),一般情况下同侧相邻航标间距不大于3000米。

芜湖长江大桥至慈湖河口:5月1日至9月30日航道维护水深为7.5米,10月1日至次年4月30日维护水深为6.5米。

芜湖长江大桥至白茆水道高安圩:5月1日至9月30日维护水深为5.0米,10月1日至次年4月30日维护水深为4.5米。

附录 2

# 单向通行航路设置标准

小黄洲左汊、乌江水道内设置单向通行航路，设标宽度 200 米，不足 200 米的以实际航道宽度为准，但不小于 150 米，一般情况下同侧相邻航标间距不大于 3000 米，航道设标水深为 4.5 米（特殊年份水深达不到 4.5 米时以航道部门公布的为准）。

附录 3

# 推荐航路设置标准

一、东埂至山西嘴航段上行通航分道外侧设置上行船舶推荐航路。

二、推荐航路宽度为 100 米,水深不小于 3.0 米。

附录4

## 深水航路设置标准

白茆水道高安圩至凡家矶水道慈湖河口通航分道分隔线左右两侧各 100 米范围为深水航路，深水航路一般在航道深泓范围内。

芜湖长江大桥以下深水航路维护水深与该段通航分道水深相同；芜湖长江大桥以上航路每年 5 月 1 日至 11 月 15 日维护水深为 6.5 米，其他时段维护水深为 4.5 米。

附录 5

# 航行警戒区

**一、陈家洲航行警戒区**

（一）水域范围

1. 上界：东梁山和西梁山电塔连线以上 2000 米；

2. 下界：东梁山和西梁山电塔连线。

（二）航行规定

由主汊下行进入裕溪口水道的船舶与由裕溪口水道下行进入主汊上行的船舶互会左舷。

（三）避让规定

从主汊下行进入裕溪口水道的船舶应当主动避让由裕溪口水道下行进入主汊上行的船舶。

**二、黄洲新滩航行警戒区**

（一）水域范围

上界：小黄洲塔形侧面标与长江#165 红浮连线；

下界：长江#163 黑浮与神农洲塔型沿岸标连线。

（二）航行规定

1. 上、下行船舶互会左舷；

2. 禁止船舶追越、齐头并进。

（三）甚高频无线电话联系地点

1. 上行船舶：马鞍山港小黄洲锚地下界限浮标下游水域；

2. 下行船舶：东埂塔形侧面标上游水域。

附录6

# 太平府水道通航规定

(一)水域范围

1. 上界:彭兴洲塔形侧面标与长江#174红浮连线;

2. 下界:长江#164红浮90度方位线。

(二)航行原则

船舶各自靠右航行。

(三)通过限制

船舶应根据航道水深及船舶吃水等情况,在确保安全的前提下选择通过。

附录7

# 芜湖长江大桥桥区通航规定

**一、通航桥孔**

1. 第12孔为深吃水船舶、船队以外的其他下行船舶通道;

2. 第11孔为深吃水船舶、船队上下行通道;

3. 第10孔深吃水船舶、船队以外的其他上行船舶通道。

**二、通航要求**

1. 吃水受第10孔及其引航道限制的船舶需由第11孔上行通过的应向海事管理机构报告。

船舶需改变通航桥孔的,应提前向海事管理机构报告。

2. 船舶在第11孔及其引航道内互会左舷。

禁止船队之间在第11孔及其引航道内会让。

3. 上行船队应在距芜湖长江大桥桥轴线2000米以下水域等让下行船队。

4. 船队相互联系地点:

(1)上行船队:曹姑洲塔形侧面标下游水域;

(2)下行船队:三坝塔形岸标上游水域。

附录 8

# 锚地、停泊区

（一）锚地

| 序号 | 名　称 | 水域位置 | 控制点坐标 | 尺度及用途 |
|---|---|---|---|---|
| 1 | 马鞍山港<br>小黄洲锚地 | 马鞍山水道<br>左岸小黄洲一侧 | A(31°42′50.33″N;118°26′34.23″E)<br>B(31°43′23.52″N;118°26′49.63″E)<br>C(31°43′35.60″N;118°26′55.21″E)<br>D(31°45′42.87″N;118°27′53.35″E)<br>E(31°45′45.19″N;118°27′46.55″E)<br>F(31°43′38.25″N;118°26′47.77″E)<br>G(31°43′26.27″N;118°26′41.93″E)<br>H(31°42′52.98″N;118°26′26.79″E) | 1100 米×200 米<br>供内河船舶锚泊<br><br>4200 米×200 米<br>供海轮锚泊 |
| 2 | 芜湖联检锚地 | 西华水道<br>#177 红浮东侧 | A(31°28′11.52″N;118°20′31.98″E)<br>B(31°28′25.21″N;118°20′41.60″E)<br>C(31°28′21.87″N;118°20′48.11″E)<br>D(31°28′08.17″N;118°20′38.48″E) | 500 米×200 米<br>供国际航行船舶 |

（二）停泊区

| 序号 | 名　称 | 水域位置 | 控制点坐标 | 尺度及用途 |
|---|---|---|---|---|
| 1 | 马鞍山停泊区 | 马鞍山水道马鞍山 6 号码头至第三自来水厂码头 | A(31°44′26.83″N;118°27′39.73″E)<br>B(31°45′16.40″N;118°28′07.67″E)<br>C(31°45′16.40″N;118°28′45.81″E)<br>D(31°45′52.77″N;118°28′51.75″E)<br>E(31°45′12.35″N;118°28′13.57″E)<br>F(31°44′24.16″N;118°27′46.68″E) | 3300 米×200 米<br>供各类船舶停泊 |
| 2 | 何家洲停泊区 | 江心洲水道与太平府水道之间 | A(31°40′06.58″N;118°25′11.23″E)<br>B(31°40′43.99″N;118°25′47.67″E)<br>C(31°40′51.64″N;118°25′37.69″E)<br>D(31°40′11.78″N;118°25′04.59″E) | 长 1500 米<br>供小型船舶停泊 |
| 3 | 江心洲下停泊区 | 江心洲水道江心洲塔形侧面标至江心洲中塔形侧面标间 | A(31°36′19.27″N;118°23″58.36″E)<br>B(31°37′24.22″N;118°24′02.52″E)<br>C(31°37′22.78″N;118°24′21.02″E)<br>D(31°36′18.70″N;118°24′05.90″E) | 长 2000 米，上游宽 200 米，下游宽 500 米供驳船、单船停泊 |
| 4 | 东梁山上停泊区 | 长江#175 红浮至长江#177 红浮连线东侧（芜湖联检锚地下游） | A(31°28′26.34″N;118°20′39.50″E)<br>B(31°29′36.21″N;118°21′27.63″E)<br>C(31°29′31.01″N;118°21′37.63″E)<br>D(31°28′20.44″N;118°20′50.85″E) | 2500 米×350 米<br>供驳船、单船停泊 |

续上表

| 序号 | 名　称 | 水域位置 | 控制点坐标 | 尺度及用途 |
| --- | --- | --- | --- | --- |
| 5 | 白茆沙停泊区 | 长江#187 红浮至长江#189 红浮连线南侧 | A(31°17′56.91″N;118°17′37.91″E)<br>B(31°17′42.75″N;118°19′10.98″E)<br>C(31°17′31.34″N;118°19′09.54″E)<br>D(31°17′51.46″N;118°17′37.00″E) | 长 2500 米<br>供小型船舶停泊 |
| 6 | 中夹口停泊区 | 保定圩罐形岸标至以下 2000 米 | A(31°16′01.91″N;118°10′44.52″E)<br>B(31°16′42.87″N;118°12′06.07″E)<br>C(31°16′31.25″N;118°12′12.84″E)<br>D(31°15′53.51″N;118°10′50.23″E) | 长 2500 米，上游宽 300 米，下游宽 400 米供驳船、单船停泊 |

# 长江三峡库区船舶定线制规定(2005)*

## 第一章　总　　则

**第一条**　为维护长江三峡库区水上交通秩序,改善通航环境,保障船舶航行安全,促进航运发展,依据《中华人民共和国内河交通安全管理条例》等有关法规,制定本规定。

**第二条**　凡在长江三峡水利枢纽围堰发电期、初期运用期航行于三峡大坝上游禁航线(不包括上游引航道)至长江上游航道里程488.0千米附近佛面滩与鹭鸶背联线内(以下简称"长江三峡库区")的船舶,均应遵守本规定。

**第三条**　船舶在长江三峡库区航行实行靠本船右舷一侧通航分道航行的制度。

**第四条**　交通部长江海事局、三峡通航管理局所属海事管理机构(以下称"海事管理机构")负责本规定的监督实施。

## 第二章　航　　路

**第五条**　左岸一侧通航分道为上行船舶航路,右岸一侧通航分道为下行船舶航路,上、下行船舶通航分道的分隔线为航道中心线。

在能够自然分隔船舶相反流向的蚕背梁(长江三峡水利枢纽围堰发电期)和塘土坝水域,北漕为上行船舶通航分道,南漕为下行船舶通航分道。

**第六条**　在部分航段的通航分道外侧设沿岸通航带(附录1),仅供短途客渡船逆相邻通航分道船舶总流向航行。

**第七条**　支流(汊)河口水域,河口左岸一侧为干流驶入支流(汊)河流的船舶航路,河口右岸一侧为支流(汊)河流内驶入干流的船舶的航路。

## 第三章　航行与停泊

**第八条**　船舶应当在通航分道内尽可能靠右航行,并与在附近沿岸通航带航行的短途客渡船保持足够的安全距离。

大型船舶通过控制航段(附录2)、通航条件受限制的航段(附录3),应当尽可能沿通航分道本船右舷一侧航行。

短途客渡船在沿岸通航带航行时应尽可能靠本船左舷一侧航行。短途客渡船航行方向与相邻的通航分道船舶总流向一致时,应使用相邻的通航分道并遵守本规定。

**第九条**　大型船舶通过控制航段,应当按照信号台显示的通行信号航行。

大型船舶通过通航条件受限制的航段,应当在规定地点及早联系。

---

* 本定线制规定由交通部交海发[2005]486号文件发布,2005年12月1日起施行。

**第十条** 船舶通过警戒区(附录4),应当加强瞭望和通信联系,谨慎操作。

**第十一条** 船舶进、出支流(汊)河口,应当在无碍他船航行,并按规定显示信号和鸣放声号后,方可驶入、驶出。

**第十二条** 船舶驶经港区、锚地、停泊区(附录5)等水域,应当与停泊或作业船舶、设施保持足够的安全距离。

**第十三条** 船舶需横越通航分道时,不得妨碍沿通航分道正常航行的船舶航行,并尽可能与通航分道成直角进行。

**第十四条** 船舶追越应在通航分道的规定水域内进行。

船舶追越时,追越船应当从被追越船的左舷一侧追越。

除高速船外,禁止船舶在控制航段、通航条件受限制航段内追越和并列行驶。

**第十五条** 高速船在航时,应当宽裕地避让所有船舶。

**第十六条** 能见距离不足1000米时,禁止船舶下行;能见距离不足500米时,禁止船舶航行。

但是,根据公司的安全管理状况、船舶安全航行设备及船员配备情况经海事部门特别批准的除外。

**第十七条** 船舶应当在海事管理机构公布的锚地、停泊区内停泊。

船舶航行遇有紧急情况需紧急停泊时,应当尽可能让出规定航路,并报告海事管理机构。

**第十八条** 船舶航行突遇浓雾,应当立即采取有效措施,并就近选择安全水域停泊,同时用甚高频无线电话周期性地通报本船船位及动态。

**第十九条** 船舶驶经港区、施工区、停泊区及要求减速通过的航段时,应当及早控制航速,以避免造成浪损。

**第二十条** 正在执行公务的公务船和正在执行航道维护和行政管理任务以及经海事机构批准的船舶,其航行若背离本规定,必须在明显处显示表明本船类别的信号。

## 第四章 避 让

**第二十一条** 未按规定航路航行的船舶,必须主动避让沿规定航路航行的船舶。

**第二十二条** 进、出支流(汊)河口的船舶,应当主动避让沿干流规定航路航行的船舶。

**第二十三条** 横越通航分道的船舶,应当主动避让沿通航分道航行的船舶。

**第二十四条** 控制航段内,非受控船舶应当主动避让信号台允许通过的大型船舶。

**第二十五条** 船舶通过通航条件受限制的航段时,应当及早与他船统一会让意图,需要等让的应当在规定地点等让。

船舶通过通航条件受限制的航段,如需一船等让另一船时,应顺序遵守下列原则:

(一)非大型船舶应当主动等让大型船舶;

(二)上行船舶应当主动等让下行船舶。

**第二十六条** 船舶从港区、施工区、警戒区、停泊区、锚地、渡口、支流(汊)河口和沿岸通航带等水域进入相邻通航分道时,应主动避让沿相邻通航分道航行的船舶。

沿通航分道航行的船舶驶经港区、施工区、警戒区、停泊区、锚地、渡口、支流(汊)河口和相邻沿岸通航带时,应保持高度警惕,加强瞭望,注意进出这些水域的船舶或横越船动态,谨慎驾驶,并采取有效措施协助避让。

**第二十七条** 无论本章规定如何,被让路船均应当注意让路船的行动,并适时采取措施,协助避让。

## 第五章 信号与通信

**第二十八条** 船舶进、出支流(汊)河口时,除鸣放规定的声号外,白天应当在桅杆横桁上垂直悬挂

"T1"信号旗一组,夜间应当在桅杆横桁易见处显示紫蓝光环照灯一盏。

**第二十九条** 船舶横越通航分道时,应当鸣放规定的声号。

**第三十条** 规定配有甚高频无线电话(VHF)的船舶,在航行中必须在6频道正常守听,并按规定进行通话。

**第三十一条** 船舶使用甚高频无线电话(VHF)表明本船航行、避让意图后,仍应当鸣放规定声号。

## 第六章 责　　任

**第三十二条** 海事管理机构按照《中华人民共和国内河交通安全管理条例》及有关规定依法对违反本规定的船舶予以处罚。

**第三十三条** 船舶违反第九条规定进入控制航段与按规定航行的船舶发生碰撞事故,应负主要或全部责任。

**第三十四条** 船舶未按第二十一条、第二十二条、第二十三条、第二十四条、第二十五条、第二十六条的规定主动避让他船,导致发生碰撞事故的,应负主要或全部责任。

**第三十五条** 船舶未按规定停泊,导致碰撞事故的,应负主要或全部责任。

## 第七章 附　　则

**第三十六条** 本规定中下列用语的含义:

(一)大型船舶,是指:

1. 船长为60米及以上的客船、滚装船;
2. 船长为80米及以上的货船;
3. 2500吨级及以上的船队;
4. 主机功率每千瓦拖带量大于4吨的拖轮拖带的船队;
5. 拖带超重、超长、超高、超宽及半潜物体的船舶。

(二)左岸,是指面向河流下游方向,左手对应的河岸。

(三)右岸,是指面向河流下游方向,右手对应的河岸。

(四)通航条件受限制的航段,是指由于航道狭窄、弯曲、通视条件差等因素,大型船舶间会让行为受到限制的水域。

(五)控制航段,是指因航道狭窄、弯曲、通视条件差等因素,不能满足大型船舶间安全会让,需设置信号台控制航行的水域。

(六)警戒区,是指由于通航环境复杂、船舶穿越活动频繁,要求船舶通过时必须予以特别警惕的特定水域。

(七)停泊区,是指由海事管理机构公布的供船舶停泊的水域。

(八)沿岸通航带,是指与水沫线相距50米,仅供短途客渡船逆相邻通航分道船舶总流向航行的水域。沿岸通航带向河道中心一侧的边界线为与相邻通航分道的分隔线。

(九)横越,是指船舶由通航分道一侧驶入,由另一侧驶出,或者横向或斜向驶过沿通航分道航行船舶船首方向的过程和行为。包括:"各类横江渡轮和横江渡船的航行"、"船舶横越通航分道靠离码头、进出锚地或停泊区"、"船舶避让时船首超出通航分道边界"、"船舶从警戒区横越通航分道"等的过程和行为。

(十)公务船,是指专门用于执行行政执法任务的船艇。

**第三十七条** 本规定附录与正文具有同等效力。

**第三十八条** 本规定自2005年12月1日起施行,《长江三峡库区船舶定线制规定(试行)》同时废止。

长江三峡船舶定线制
N
图例
上行通行分道
下行通行分道
分隔线
警戒区
丰都
忠县
西沱
新田
万州
云阳
奉节
瞿塘峡
大溪河
大宁河
巫山
巫峡
鳊鱼溪
培石
神农溪
巴东
香溪
香溪
西陵峡
三峡大坝
秭归

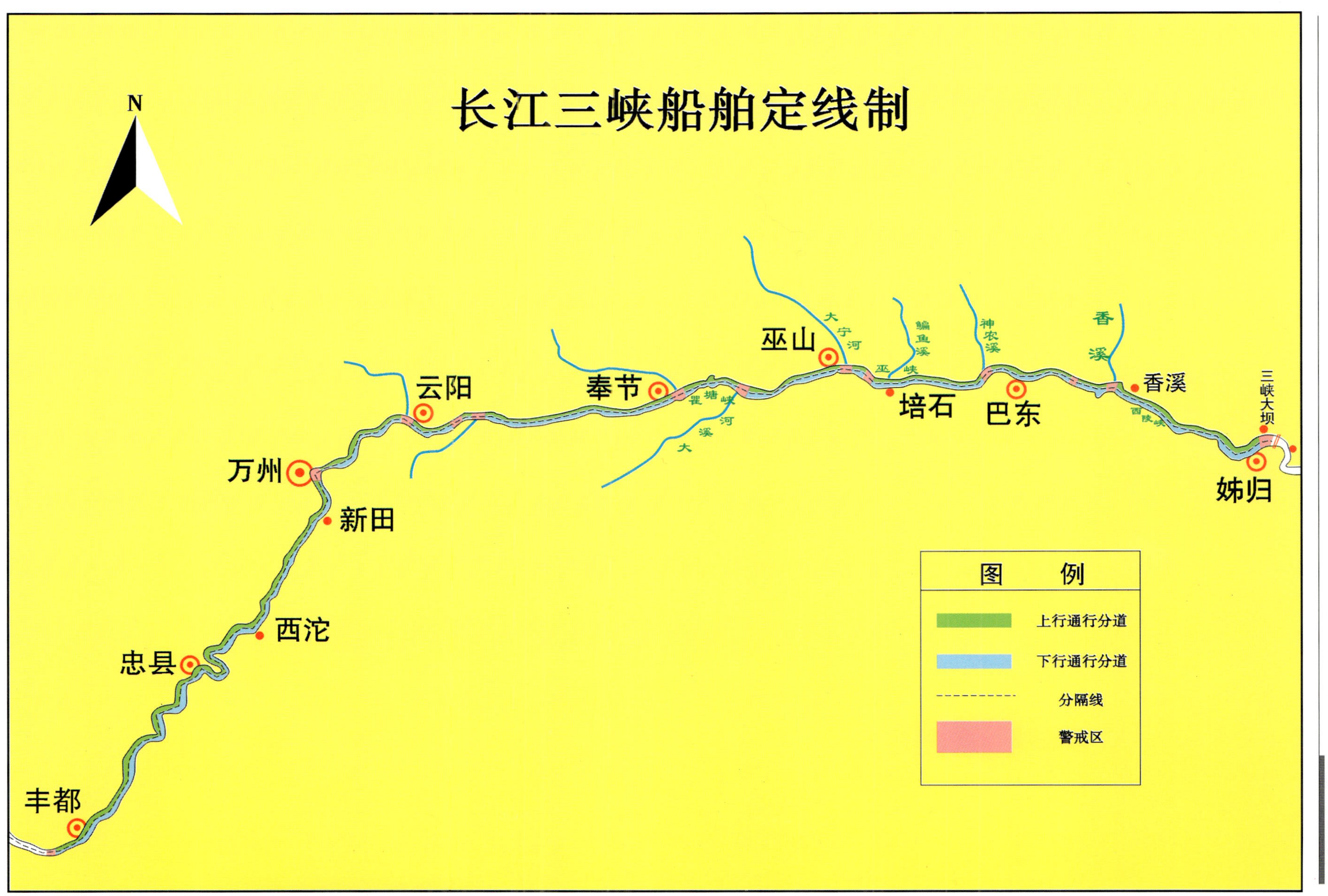

长江三峡库区

附录1

# 沿岸通航带

## 沿岸通航带(右岸)

| 编号 | 起点 | | 沿岸停靠站点(长江上游航道里程) | 讫点 | |
|---|---|---|---|---|---|
| | 地名 | 长江上游航道里程 | | 地名 | 长江上游航道里程 |
| 1 | 郭家坝 | 77.5 | 蒲扇河(79.0) | 旧州河 | 82.5 |
| 2 | 大沱 | 126.6 | 火焰石(127.0)、链子溪(127.9) | 杨家棚 | 128.8 |
| 3 | 楠木园 | 133.4 | | 李家湾 | 134.0 |
| 4 | 蛇吞象 | 138.5 | | 石柱子 | 140.5 |
| 5 | 呼石沱 | 162.5 | | 刀背石 | 163.0 |
| 6 | 牯牛滩 | 174.6 | 上安坪(175.0)、老鹰背(176.1)、墩子石(178.0)、关山(179.5)、杉树湾(181.3)、培福沱(183.0)、龙王咀(183.5)、大水田(184.5)、下南嘴(185.2)、红船沱(186.5)、曲尺盘(188.3)、皮毛湾(189.0)、四龙嘴(191.8)、刘家沟(192.8)、长蛇梁(195.0) | 大溪 | 196.5 |
| 7 | 水泥厂 | 205.1 | 谭家坪(206.5)、周家坪(207.0)、刘家湾(208.0) | 李家坝 | 209.0 |
| 8 | 木瓜溪 | 215.2 | | 关武镇 | 217.0 |
| 9 | 罗家沱 | 221.4 | 二沱(222.7)、毛狗堆(223.5) | 新码头 | 224.8 |
| 10 | 水银口 | 252.0 | | 故陵 | 254.0 |
| 11 | 永定桥 | 272.0 | | 吴兴梁 | 273.0 |
| 12 | 白果园 | 278.0 | | 忠朝溪 | 281.0 |
| 13 | 黄家大沟 | 288.0 | | 盘沱 | 291.0 |
| 14 | 密溪 | 327.0 | 桃子园(328.0)、高围子(329.0) | 徐沱 | 330.5 |
| 15 | 新田新码头 | 345.0 | 白水溪(346.7) | 将军岩 | 347.0 |
| 16 | 大溪 | 359.4 | 善溪(361.4)、燕山码头(365.8)、牛角背(367.6) | 十一沟 | 369.0 |
| 17 | 老鹳碛 | 375.7 | 汪家溪(377.6) | 长坪 | 379.5 |
| 18 | 庙儿咀 | 396.0 | | 砖瓦溪 | 396.8 |
| 19 | 桐油仓库 | 421.1 | 神溪口(422.5)罗家河(423.2)刘家嘴(425.0) | 小柴盘子 | 426.0 |
| 20 | 水银溪 | 444.2 | | 羊渡 | 446.0 |
| 21 | 遇溪 | 460.3 | | 高镇新镇 | 461.8 |

## 沿岸通航带(左岸)

| 编号 | 起点 | | 沿岸停靠站点（长江上游航道里程） | 讫点 | |
|---|---|---|---|---|---|
| | 地名 | 长江上游航道里程 | | 地名 | 长江上游航道里程 |
| 1 | 白沙沱 | 439.5 | 剪子沱(438.2) | 新生 | 436.4 |
| 2 | 坪山坝 | 392.5 | 杨合溪(392.2)、黎家山(391.5) | 石宝 | 388.0 |
| 3 | 无溪口 | 378.5 | 禹安(376.5)、凤凰村(375.4)、武陵码头(373.5)、小浪口(371.5)、大浪口(370.6)、清河沟(369.4) | 河溪口 | 368.0 |
| 4 | 壤渡老码头 | 360.1 | 老鼠冲(358.2)、杨合溪(354.5) | 铁灯台 | 353.6 |
| 5 | 马家溪 | 349.4 | 羊奶岩(348.0)、思良(345.0) | 思良溪 | 344.5 |
| 6 | 小水井 | 273.0 | | 小河口 | 271.0 |
| 7 | 半边街 | 253.0 | | 煤背 | 252.0 |
| 8 | 曹家沱 | 192.3 | 铺子坪(191.8) | 马腹溪 | 190.5 |
| 9 | 宝子滩 | 186.5 | | 交滩 | 184.5 |
| 10 | 横石溪 | 161.8 | | 马坪村 | 160.2 |
| 11 | 金扁担 | 142.5 | 万流(140.2)、富里碛(138.0)、四方洞(137.5)、石桥沟(137.0) | 黄花口 | 135.5 |
| 12 | 小鸭子包 | 124.7 | | 熊滩 | 124.1 |

附录2

# 控制航段

| 控制航段名称 | 控制航段起讫地点（长江上游航道里程） | 船舶与信号台联系点 | | 上行船舶等让点 |
|---|---|---|---|---|
| | | 上行 | 下行 | |
| 风箱峡 | 马王角 — 困牛石（201.0～204.2） | 万安石以下 | 小南门以上 | 干沟子以下 |

注：风箱峡航段在宜昌水位7米以上时实行控制，宜昌水位7米以下时按库区通航条件受限制航段进行管理。

附录 3

# 通航条件受限制的航段

| 编号 | 航段名称 | 限制航段起讫点（长江上游航道里程千米） | 甚高频无线电话联系点 | | 上行船舶等让点 |
|---|---|---|---|---|---|
| | | | 上行 | 下行 | |
| 1 | 九湾溪 | 九湾溪—柚子林（65.2 ～ 66.2） | 白鱼坊以下 | 珍珠角以上 | 门坎子以下 |
| 2 | 太公八钓 | 黄岩—霸王滩（73.1 ～ 74.3） | 龙马溪以下 | 丰收角以上 | 黄岩以下 |
| 3 | 兵书宝剑峡 | 米仓口—丰收角（75.9 ～ 76.9） | 小青滩以下 | 连云山以上 | 缺坊以下 |
| 5 | 金扁担 | 金扁担—黄岩（142.6 ～ 143.8） | 冷水碛以下 | 培石以上 | 喜家岩以下 |
| 6 | 白石子 | 白石子—黄金帐（147.8 ～ 148.3） | 白马滩以下 | 无夺桥以上 | 荷包山以下 |
| 6 甲 | 青石洞 | 宝贝石—门板石（154.0 ～ 155.8） | 无夺桥以下 | 金盔银甲以上 | 宝贝石以下 |
| 6 乙 | 巫山 | 瞻前岩—石柱子（167.4 ～ 168.8） | 龚家坊以下 | 玉皇阁以上 | 瞻前岩以下 |
| 8 | 万州铁路大桥 | 老鸦石—沙帽石（337.0 339.0） | 瓦窑背以下 | 小石盘以上 | 老鸦石以下 |
| 9 | 凤凰滩（猫须子水位 15 米以下） | 乌沙尾—吴家梁（450.9 ～ 451.2） | 任家渡口以下 | 九刻刻以上 | 沙梁以下 |
| 10 | 鹞子碛（流沙坡水位 11 米以下） | 阴街—露缆子（479.7 ～ 480.0） | 鸡公石以下 | 鸦雀巷以上 | 鸡公石以下 |

附录4

# 警 戒 区

| 编号 | 警戒区名称 | 上 界<br>（长江上游航道里程） | 下 界<br>（长江上游航道里程） |
|---|---|---|---|
| 1 | 太平溪 | 白水溪—獨溪(54.0) | 大坝上游禁航线(49.1)(不包括上游引航道) |
| 2 | 香溪河 | 张家滩—九渣碛(78.0) | 石灰窑—丰收角(77.0) |
| 3 | 沙镇溪 | 土岩子—金鞍沱(91.5) | 炭洞子—红石梁湾(90.3) |
| 4 | 西壤口 | 黎家嘴—岩背(123.5) | 西壤口下岸嘴—大南角(122.5) |
| 5 | 神女溪 | 门板石—满畴(156.0) | 宝贝石—大磨(154.2) |
| 6 | 大宁河 | 旧县城—南陵码头(170.8) | 石灰窑—朽石子(169.0) |
| 7 | 大溪 | 万安石—猫儿头上300米(197.4) | 骑马口—大溪下口(196.2) |
| 8 | 梅溪河 | 小南门—刘家湾(208.0) | 鱼腹村—周家坪(207.0) |
| 9 | 新军口 | 凉水井—汪家嘴(267.8) | 向石匠—新津乡(267.0) |
| 10 | 汤溪河 | 云阳旧城—永家桥(272.0) | 木家嘴—山羊角(271.0) |
| 11 | 双江 | 神福台—红岩头(298.3) | 双江下岸嘴—周家碛(297.4) |
| 12 | 苎溪河 | 杨家街口—陈家坝(331.8) | 黄泥滩—安家溪(331.0) |
| 13 | 白沙沱 | 佛面滩—鹭鸶背(488.0) | 上鲫鱼—鹭鸶盘联线(487.0) |

附录 5

# 停 泊 区

| 编号 | 停泊区名称 | 岸别 | 停泊区水域范围 | | | 备 注 |
|---|---|---|---|---|---|---|
| | | | 下界（长江上游航道里程） | 上界（长江上游航道里程） | 宽度（米） | |
| 1 | 刘家坊 | 右 | 70.5 | 72.0 | 120 | |
| 2 | 龙马溪 | 左 | 70.5 | 71.0 | 河口内 | |
| 3 | 香溪河口 | 左 | 77.0 | 77.5 | 80 | |
| 4 | 窑湾溪 | 右 | 78.5 | 79.0 | 河口内 | |
| 5 | 归州河 | 右 | 82.0 | 82.5 | 河口内 | 供危险品船停泊 |
| 6 | 吒神庙 | 左 | 86.5 | 86.8 | 60 | |
| 7 | 和尚滩 | 右 | 84.0 | 85.0 | 100 | |
| 8 | 何家湾 | 左 | 87.0 | 89.0 | 80 ~ 100 | |
| 9 | 沙罐脑 | 左 | 89.1 | 89.4 | 80 | |
| 10 | 洩滩 | 左 | 93.0 | 93.5 | 河口内 | |
| 11 | 杨家沱 | 右 | 95.9 | 96.1 | 100 | |
| 12 | 洪水溪 | 右 | 97.7 | 98.2 | 150 | |
| 13 | 唐家河 | 右 | 103.1 | 103.3 | 80 | |
| 14 | 石桥沟 | 左 | 106.1 | 106.3 | 河口内 | |
| 15 | 观音桥 | 左 | 113.0 | 114.0 | 50 | 供危险品船停泊 |
| 16 | 东壤口 | 左 | 115.8 | 116.5 | 280 米<br>河口内 | |
| 17 | 旧县堆 | 左 | 120.7 | 121.0 | 60 | |
| 18 | 长渡河 | 右 | 123.8 | 124.2 | 50 | |
| 19 | 官渡口 | 左 | 124.8 | 125.2 | 50 | |
| 20 | 火焰石 | 右 | 127.3 | 127.5 | 50 | |
| 21 | 杨家棚 | 右 | 129.3 | 129.5 | 50 | |
| 22 | 楠木园 | 右 | 133.9 | 134.5 | 50 | |
| 23 | 富里碛 | 左 | 137.6 | 137.8 | 50 | |
| 24 | 冷水碛 | 右 | 139.6 | 140.3 | 50 | |
| 25 | 培石 | 右 | 146.5 | 146.7 | 80 | |
| 26 | 横石溪 | 左 | 161.1 | 162.0 | 100 | |
| 27 | 江东寺 | 左 | 168.9 | 169.3 | 150 | |
| 28 | 红沙碛 | 右 | 170.9 | 171.7 | 100 | |
| 29 | 鸭儿碛 | 右 | 174.6 | 176.0 | 80 | |

续上表

| 编号 | 停泊区名称 | 岸别 | 停泊区水域范围 | | | 备 注 |
|---|---|---|---|---|---|---|
| | | | 下界（长江上游航道里程） | 上界（长江上游航道里程） | 宽度（米） | |
| 30 | 再也湾 | 左 | 182.2 | 183.0 | 100 | |
| 32 | 油榨碛 | 右 | 190.7 | 191.5 | 80 | 供危险品船停泊 |
| 32 甲 | 周家坪 | 右 | 206.0 | 206.6 | 200 | 供危险品船停泊 |
| 33 | 臭盐碛 | 左 | 208.0 | 208.5 | 100 | |
| 34 | 李家坝 | 右 | 209.0 | 209.3 | 100 | |
| 36 | 朱家坝 | 左 | 216.0 | 216.5 | 100 | |
| 37 | 盘龙石 | 右 | 224.2 | 224.5 | 100 | |
| 39 | 艾家坝 | 右 | 232.2 | 233.2 | 100 | |
| 40 | 龙棍子 | 右 | 243.9 | 244.2 | 100 | |
| 41 | 龙洞 | 左 | 244.5 | 244.8 | 80 | |
| 42 | 姜家沱 | 右 | 245.0 | 245.8 | 100 | |
| 44 | 故陵沱 | 右 | 253.4 | 253.7 | 120 | |
| 46 | 下码头 | 右 | 266.0 | 266.8 | 100 | |
| 48 | 粉笔墙 | 右 | 278.4 | 279.4 | 100 | |
| 49 | 地坝咀 | 右 | 288.3 | 289.0 | 100 | |
| 50 | 盘沱 | 右 | 290.0 | 290.5 | 80 | |
| 51 | 红河溪 | 右 | 295.8 | 296.0 | 100 | 供危险品船停泊 |
| 52 | 人头山 | 左 | 298.5 | 300.0 | 150 | |
| 53 | 熊家沟 | 右 | 304.3 | 305.8 | 200 | |
| 54 | 佘家嘴 | 左 | 305.0 | 305.5 | 150 | |
| 55 | 太阳溪 | 右 | 311.7 | 312.2 | 150 | |
| 56 | 大舟溪 | 左 | 溪口内 1000 米 | | | |
| 57 | 晒网坝 | 右 | 324.2 | 325.0 | 200 | 供危险品船停泊 |
| 58 | 和尚桥 | 左 | 327.5 | 328.6 | 200 | |
| 58 甲 | 安家溪 | 右 | 331.4 | 332.0 | 100 | |
| 60 | 关刀碛 | 左 | 341.5 | 342.0 | 100 | |
| 61 | 思良溪 | 左 | 344.6 | 345.0 | 150 | |
| 62 | 乌沙尾 | 左 | 345.4 | 346.0 | 150 | |
| 63 | 黑虎碛 | 左 | 348.7 | 351.1 | 100 | |
| 64 | 插柳子 | 右 | 355.1 | 355.5 | 150 | |
| 65 | 鹞包碛 | 右 | 356.5 | 358.2 | 150 | |
| 66 | 大溪口 | 右 | 359.0 | 359.5 | 100 | |
| 67 | 武陵碛 | 左 | 370.0 | 373.0 | 120 | |

续上表

| 编号 | 停泊区名称 | 岸别 | 停泊区水域范围 | | | 备　注 |
|---|---|---|---|---|---|---|
| | | | 下界（长江上游航道里程） | 上界（长江上游航道里程） | 宽度（米） | |
| 68 | 龙塘碛 | 右 | 373.0 | 374.0 | 100 | |
| 69 | 毛肚碛 | 左 | 378.0 | 379.4 | 100 | |
| 70 | 青鱼碛 | 右 | 380.0 | 381.6 | 100 | |
| 71 | 水磨溪 | 右 | 386.2 | 387.1 | 80 | |
| 72 | 平沙坝 | 左 | 391.8 | 393.2 | 80 | |
| 73 | 王爷庙 | 左 | 395.0 | 396.0 | 80 | |
| 74 | 马家河 | 右 | 396.3 | 397.0 | 100 | |
| 75 | 鲤鱼碛 | 右 | 399.8 | 400.8 | 100 | |
| 76 | 金狮碛 | 左 | 399.9 | 401.8 | 100 | |
| 77 | 连二碛 | 右 | 412.5 | 415.0 | 150 | 供危险品船停泊 |
| 78 | 神溪口 | 右 | 422.5 | 423.8 | 250 | |
| 79 | 丁溪 | 左 | 462.0 | 464.0 | 200 | |
| 80 | 小佛溪 | 左 | 480.3 | 481.2 | 250 | 蚕背梁水位 7.5 米以上 |

备注:停泊区宽度自水沫线起算。

# 珠江口水域船舶定线制* （试行）

## （修 订）

（参考海图：中华人民共和国海事局海图 80823、80830 号，海图参照 1954 年北京坐标系。）

珠江口水域船舶定线制由担杆水道分道通航制和大濠水道分道通航制组成，包括分隔带、通航分道、沿岸通航带、警戒区和环行道。

1. 担杆水道分道通航制

1.1 分隔带

1.1.1 第一分隔带

设在下列地理位置的连线范围内，宽度为 0.5 海里。

(1)22°08.300′N/114°20.236′E

(2)22°08.300′N/114°15.508′E

(3)22°07.798′N/114°15.508′E

(4)22°07.798′N/114°20.236′E

1.1.2 第二分隔带

设在下列地理位置的连线范围内，宽度为 0.5 海里。

(5)22°08.300′N/114°11.776′E

(6)22°08.300′N/114°06.450′E

(7)22°07.798′N/114°06.450′E

(8)22°07.798′N/114°11.776′E

1.2 通航分道

通航分道的宽度为 0.5 海里。

1.2.1 第一通航分道

由(9)、(10)和(1)、(2)地理位置连线之间的水域为西行通航分道，船舶主流向为 270°(真方向)；由(11)、(12)和(3)、(4)地理位置连线之间的水域为东行通航分道，船舶主流向为 90°(真方向)。

(9) 22°08.802′N/114°20.491′E

(10)22°08.802′N/114°15.345′E

(11)22°07.296′N/114°15.345′E

(12)22°07.296′N/114°20.491′E

1.2.2 第二通航分道

由(13)、(14)和(5)、(6)地理位置连线之间的水域为西行通航分道，船舶主流向为 270°(真方向)。由(15)、(16)和(7)、(8)地理位置连线之间的水域为东行通航分道，船舶主流向为 90°(真方向)。

---

*** 本定线制由交通部公告 2004 年第 4 号发布，2004 年 6 月 1 日起施行。2006 年经交通部海事局海通航[2006]50 号文件批复修订。**

(13)22°08.802′N/114°11.939′E
(14)22°08.802′N/114°06.450′E
(15)22°07.296′N/114°06.450′E
(16)22°07.296′N/114°11.939′E
1.3 沿岸通航带
担杠水道分道通航制向香港海岸一侧的边界与邻近香港海岸之间的水域定为沿岸通航带。
1.4 警戒区
1.4.1 第一警戒区
设在以下列地理位置为中心,半径为1.2海里的水域内。
(17) 22°08. 049′N/114°21.500′E
1.4.2 第二警戒区
设在以下列地理位置为中心,半径为1.75海里的水域内。
(18) 22°08.049′N/114°13.642′E
2. 大濠水道分道通航制
2.1 分隔带
2.1.1 第三分隔带
设在下列地理位置的连线范围内,宽度为200米。
(1)22°06.355′N/113°50.948′E
(2)22°08.350′N/113°50.948′E
(3)22°09.896′N/113°50.173′E
(4)22°09.859′N/113°50.060′E
(5)22°08.320′N/113°50.831′E
(6)22°06.355′N/113°50.831′E
2.1.2 第四分隔带
设在下列地理位置的连线范围内,宽度为200米。
(7)22°08.546′N/113°53.535′E
(8)22°10.414′N/113°50.774′E
(9)22°10.320′N/113°50.716′E
(10)22°08.458′N/113°53.466′E
2.1.3 第五分隔带
设在下列地理位置的连线范围内,宽度为200米。
(11)22°11.964′N/113°49.516′E
(12)22°13.966′N/113°49.063′E
(13)22°13.950′N/113°48.950′E
(14)22°11.939′N/113°49.406′E
2.1.4 第六分隔带
设在下列地理位置的连线范围内,宽度为200米。
(15)22°11.461′N/113°48.738′E
(16)22°11.573′N/113°47.881′E
(17)22°11.466′N/113°47.860′E
(18)22°11.360′N/113°48.680′E
2.2 通航分道
分隔带两侧各600米的水域为通航分道。

2.2.1 第三通航分道

由(19)、(20)、(21)和(1)、(2)、(3)地理位置连线之间的水域为北行通航分道，船舶主流向为360°及335°(真方向)；由(22)、(23)、(24)和(4)、(5)、(6)地理位置连线之间的水域为南行通航分道，船舶主流向为180°及155°(真方向)。

(19)22°06.355′N/113°51.297′E

(20)22°08.422′N/113°51.297′E

(21)22°10.063′N/113°50.474′E

(22)22°09.816′N/113°49.697′E

(23)22°08.248′N/113°50.482′E

(24)22°06.355′N/113°50.482′E

2.2.2 第四通航分道

由(25)、(26)和(7)、(8)地理位置连线之间的水域为西北行通航分道，船舶主流向为306°(真方向)；由(27)、(28)和(9)(10)地理位置连线之间的水域为东南行通航分道，船舶主流向为126°(真方向)。

(25)22°08.809′N/113°53.740′E

(26)22°10.741′N/113°50.884′E

(27)22°10.073′N/113°50.487′E

(28)22°08.195′N/113°53.261′E

2.2.3 第五通航分道

由(29)、(30)和(11)、(12)地理位置连线之间的水域为北行通航分道，船舶主流向为348°(真方向)；由(31)、(32)和(13)、(14)地理位置连线之间的水域为南行通航分道，船舶主流向为168°(真方向)。

(29)22°11.975′N/113°49.871′E

(30)22°14.033′N/113°49.405′E

(31)22°13.883′N/113°48.608′E

(32)22°11.797′N/113°49.082′E

2.2.4 第六通航分道

由(33)、(34)和(15)、(16)地理位置连线之间的水域为西行通航分道，船舶主流向为278°(真方向)；由(35)、(36)和(17)、(18)地理位置连线之间的水域为东行通航分道，船舶主流向为098°(真方向)。

(33)22°11.753′N/113°49.016′E

(34)22°11.895′N/113°47.930′E

(35)22°11.144′N/113°47.812′E

(36)22°11.044′N/113°48.580′E

2.3 环行道

设在以下列地理位置为中心，半径为2000米的水域内。

(37)22°10.899′N/113°49.733′E

担杆水道分道通航制
鹤咀半岛
宋岗
蒲台
螺洲
赤柱半岛
南丫岛
第一分隔带
第二分隔带
No1
No2
(17)
(18)
担杆水道分道通航制
担杆列岛
No10DG

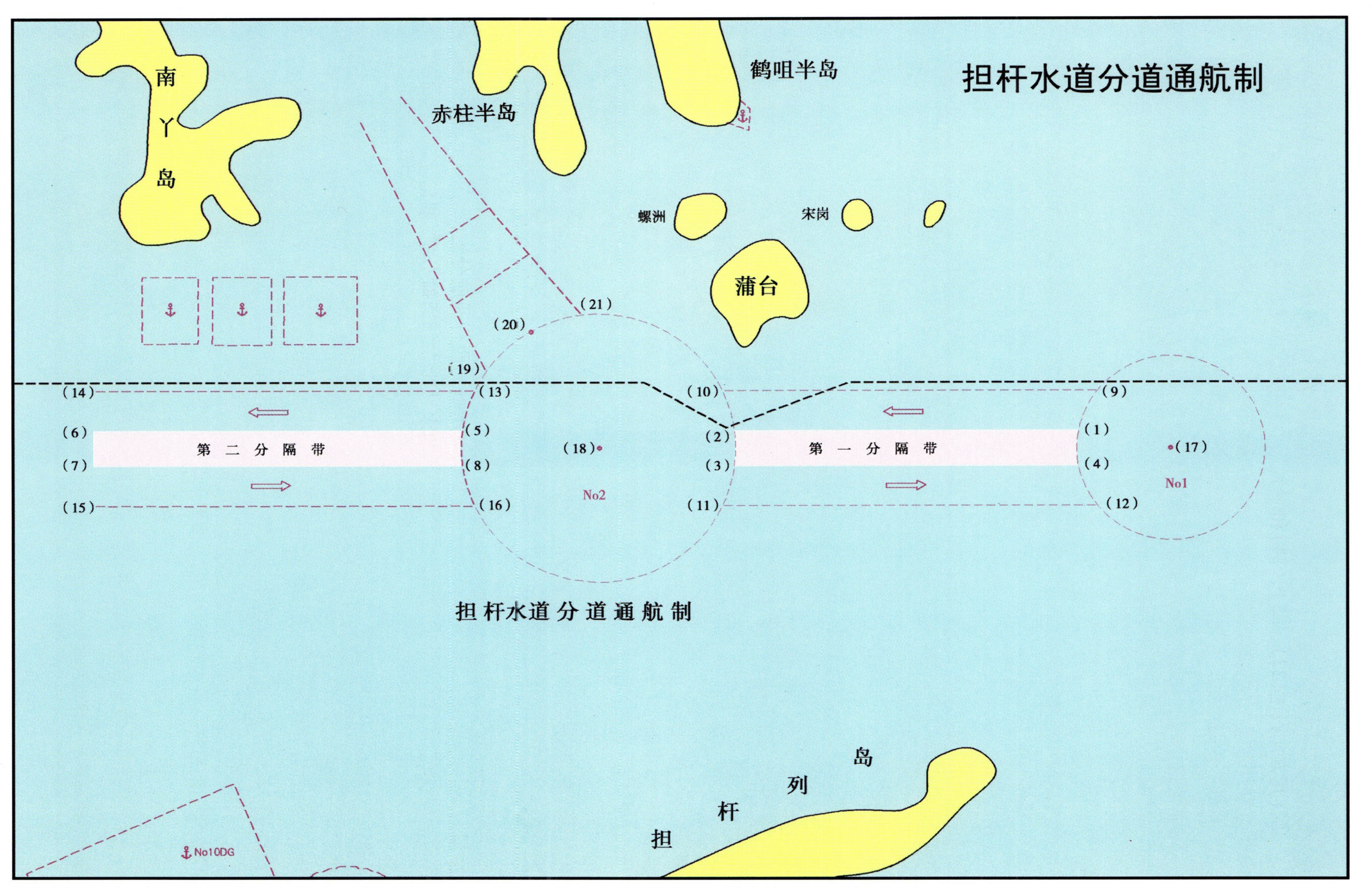

珠江口水域

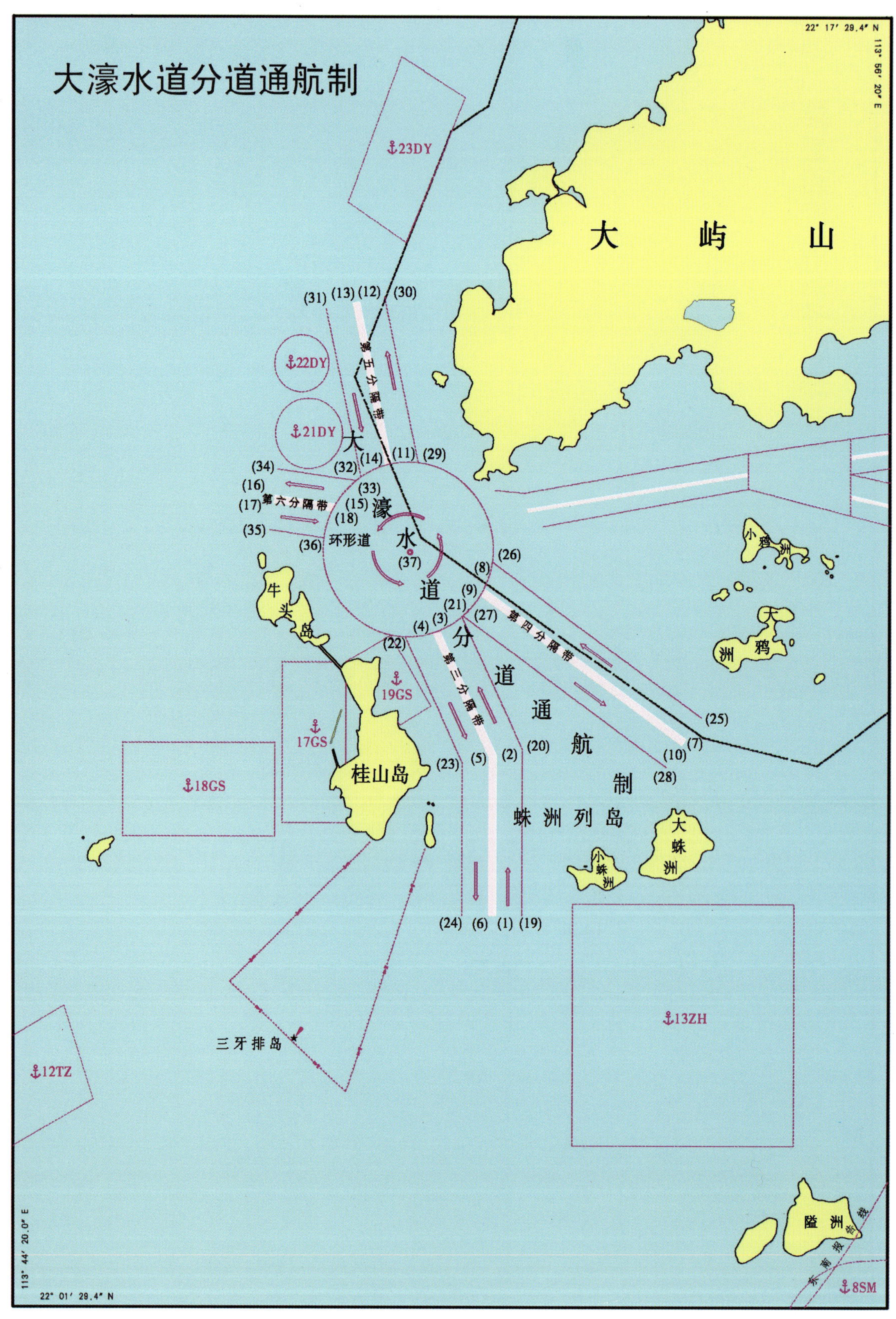

大濠水道分道通航制
22° 17′ 29.4″ N
113° 56′ 20″ E
大 屿 山
⚓23DY
⚓22DY
⚓21DY
第五分隔带
第六分隔带
第四分隔带
第三分隔带
环形道
大濠水道分道通航制
牛头岛
⚓19GS
⚓17GS
⚓18GS
桂山岛
蛛洲列岛
小鸦洲
大鸦洲
大蛛洲
小蛛洲
⚓13ZH
三牙排岛
⚓12TZ
隘洲
⚓8SM
113° 44′ 20.0″ E
22° 01′ 29.4″ N

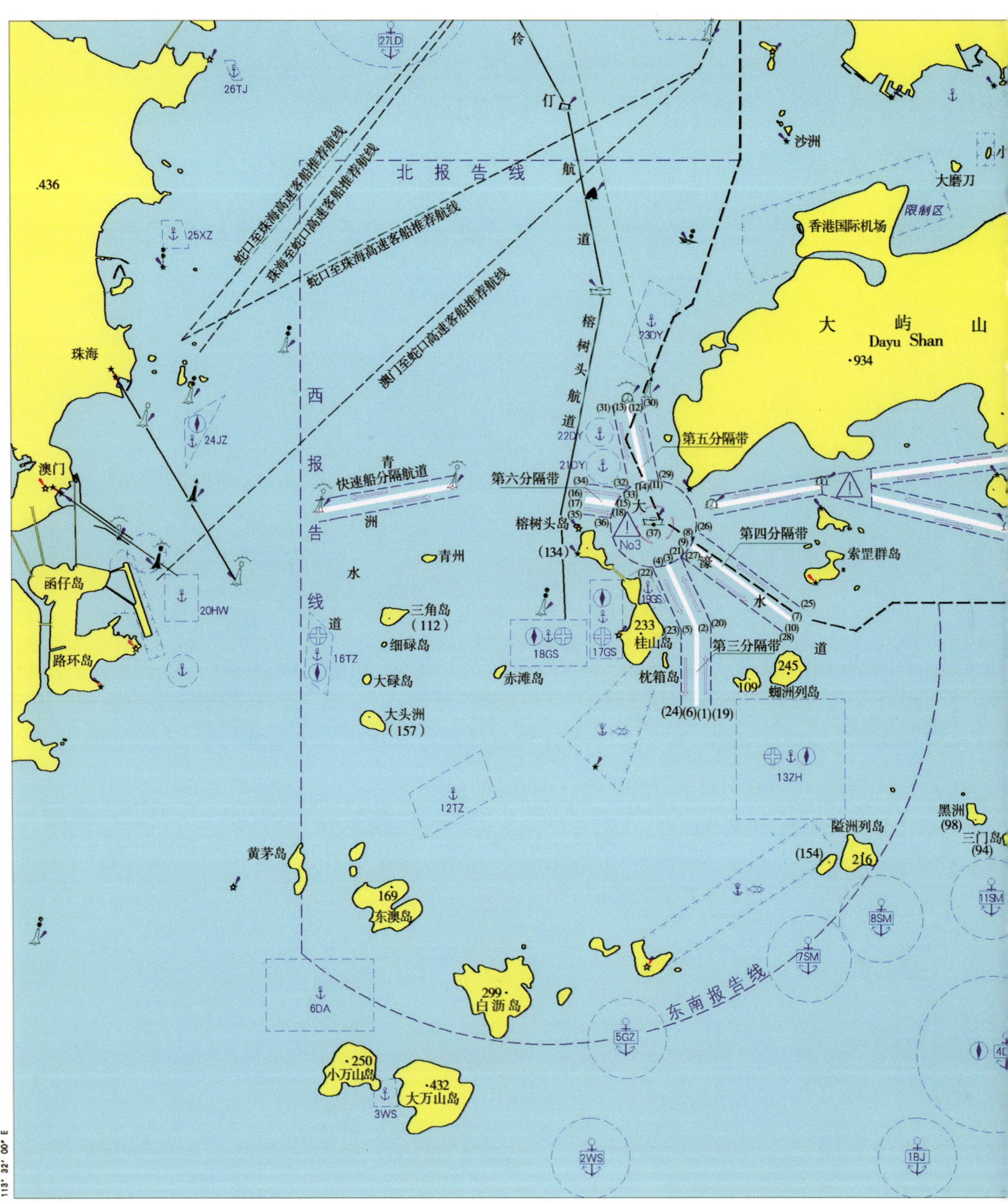


113° 32′ 00″ E

21° 54′ 00″ N

22° 23′ 30″ N
114° 24′ 00″ E
507
青衣
334
273
九龙
观塘
210
344
吊钟洲
(117)
沙塘口山
火石洲
465
坪洲
(95)
(117)
552
香港岛
531
Hongkong Island
344
(108)
188
喜灵洲
蓝塘海峡
232
东龙洲
东博寮海峡
西博寮海峡
(109)
长洲
石鼓洲
(191)
南丫岛
353
325
螺洲
(270)
(148)
240
蒲台
蒲台群岛
沿岸通航带
沿岸通航带
警戒区
警戒区
第二分隔带
第一分隔带
No2
No1
15WL
14WL
311
外伶仃岛
担杆水道
Dangan Channel
竹湾头岛
横岗岛
(141)
10DG
9EZ
322
担杆岛
259
473
373
佳蓬列岛
北尖岛
珠江口水域船舶定线制

# 珠江口水域船舶报告制*（试行）

1. 适用的船舶

要求参加该强制性船舶报告制的船舶:24 米及以上的渔船、500 总吨及以上的货船以及经修正的《1974 年国际海上人命安全公约》第 1 章规定的客船。

2. 适用的地理范围及相关海图的编号及版本

地理覆盖范围为 113°32′00″E ~ 114°24′00″E 与 21°55′00″N ~ 22°20′00″N 连线内水域。

相关海图: 中华人民共和国海事局海图 80823、80830 号,海图参照 1954 年北京坐标系。

3. 报告格式、报告内容、报告门线、报告要求

3.1 格式

本船舶报告制格式采用 IMO A. 851(20)号大会决议附则中所规定的格式。

3.2 报告内容

A 船名、呼号和国际海事组织编码(若适用)

C 或 D 位置(经纬度或相对于陆标的位置)

E 航向

F 航速

C 始发港

I 目的港

Q 缺陷及限制(拖船应报告其拖带长度及被拖物名称)

U 总长及总吨

3.3 报告线

北报告线为 22°20′00″N/113°40′00″E 与 22°20′00″N/113°52′08. 8″E 两点连线;

西报告线为 22°20′00″N/113°40′00″E 与 22°00′16″N/113°40′00″E 两点连线;

东南报告线为以桂山引航锚地中心点(22°07′54″N/113°46′50″E)为圆心,半径 10 海里,从担杆水道(22°08′54. 5″N/113°57′30″E)至东澳岛西南方附近水域(22°00′16″N/113°40′00″E)的圆弧线。

3.4 报告要求

3.4.1 船舶进入船舶报告制水域时应报告 3.2 项中的信息。

3.4.2 船舶驶离报告制水域内的港口时,应报告其船名、船位、驶离时间及目的港。

3.4.3 在报告制水域内发生交通事故或污染事故时,船舶应立即报告事故的种类、时间、地点、损害或污染的程度以及是否需要援助,并应按照主管机关的要求提供与事故有关的其他信息。

4. 主管机关、受理报告机关

4.1 主管机关为中华人民共和国广东海事局。

4.2 受理报告机关为"广州船舶交管中心"(GZVTS)。

5. 向船舶提供的信息及应遵守的程序

5.1 广州船舶交管中心将视情况为参加报告制的船舶提供诸如船舶交通、异常天气情况及海上安



*本报告制由交通部公告 2004 年第 4 号发布,2004 年 6 月 1 日起施行。

全等信息。

5.2　船舶应在广州船舶交管中心指定的频率上保持守听。

6. 报告制要求的无线电通信,发送报告的频道和报告制使用的语言。

6.1　广州船舶交管中心的工作频道:

守听/呼叫频道:VHF09

工作频道: VHF21,VHF01

备用频道:VHF64

6.2　报告制所用语言为汉语普通话或英语。所有直接印字电报及无线电话通信,均应采用航海通信规定格式。

7. 支持报告制运行的岸基设施

7.1　广州船舶交管中心的系统组成有:雷达系统、VHF 通信系统、信息处理和显示系统、信息传输、记录、重放系统及气象传感系统。其功能为:

数据收集、数据评估与处理、信息提供、交通组织、助航服务、支持联合行动。

7.2　广州船舶交管中心保持 24 小时不间断值班。

8. 对不遵守报告制的船舶,主管机关将依据有关规定进行处罚。

# 琼州海峡船舶定线制*（试行）

（参考海图：中文版海图，图号为：15770、81401、81305）

琼州海峡船舶定线制由分隔带、通航分道、警戒区、避航区、边界线和沿岸通航带组成。

1. 分隔带

定线制分隔带由1号、2号、3号、4号、5号、6号、7号、8号共8个分隔带组成。

1.1 1号分隔带为下列4点依次连线围成的水域，宽度为0.4海里。

A：20°11′47″N，110°21′41″E；

B：20°11′23″N，110°21′44″E；

C：20°10′47″N，110°17′37″E；

D：20°11′11″N，110°17′33″E。

1.2 2号分隔带为下列4点依次连线围成的水域，宽度为0.4海里。

E：20°10′25″N，110°12′30″E；

F：20°10′01″N，110°12′35″E；

G：20°09′22″N，110°08′20″E；

H：20°09′46″N，110°08′17″E。

1.3 3号分隔带为下列4点依次连线围成的水域，宽度为0.2海里。

a：20°13′24″N，110°22′24″E；

b：20°13′10″N，110°22′09″E；

c：20°12′26″N，110°17′18″E；

d：20°12′37″N，110°17′16″E。

1.4 4号分隔带为下列4点依次连线围成的水域，宽度为0.4海里。

I：20°12′05″N，110°15′01″E；

J：20°12′01″N，110°14′35″E；

K：20°12′43″N，110°14′27″E；

L：20°12′47″N，110°14′53″E。

1.5 5号分隔带为下列4点依次连线围成的水域，宽度为0.2海里。

g：20°11′53″N，110°12′14″E；

h：20°11′42″N，110°12′16″E；

i：20°10′57″N，110°07′23″E；

j：20°11′07″N，110°07′08″E。

1.6 6号分隔带为下列4点依次连线围成的水域，宽度为0.2海里。

k：20°07′44″N，110°07′35″E；

l：20°07′58″N，110°07′50″E；

m：20°08′43″N，110°12′48″E；

*本定线制由交通部公告2006年第42号发布，2007年1月1日起施行。

n:20°08′32″N,110°12′50″E 。

1.7 7 号分隔带为下列 4 点依次连线围成的水域,宽度为 0.4 海里。

M:20°09′04″N,110°15′07″E;

N:20°09′08″N,110°15′33″E;

O:20°08′26″N,110°15′41″E;

P:20°08′22″N,110°15′15″E。

1.8 8 号分隔带为下列 4 点依次连线围成的水域,宽度为 0.2 海里。

q:20°09′18″N,110°17′54″E;

r:20°09′29″N,110°17′52″E;

s:20°10′12″N,110°22′36″E;

t:20°09′58″N,110°22′51″E。

2. 通航分道

2.1 东西向定线制

2.1.1 东西向定线制北界线由下列线段组成。

2.1.1.1 bc 段为下列两点的连线:

b:20°13′10″N,110°22′09″E;

c:20°12′26″N,110°17′18″E。

2.1.1.2 IJ 段为下列两点的连线:

I:20°12′05″N,110°15′01″E;

J:20°12′01″N,110°14′35″E。

2.1.1.3 hi 段为下列两点的连线:

h:20°11′42″N,110°12′16″E;

i:20°10′57″N,110°07′23″E。

2.1.2 东西向定线制南界线由下列线段组成。

2.1.2.1 lm 段为下列两点的连线:

l:20°07′58″N,110°07′50″E;

m:20°08′43″N,110°12′48″E。

2.1.2.2 MN 段为下列两点的连线:

M:20°09′04″N,110°15′07″E;

N:20°09′08″N,110°15′33″E。

2.1.2.3 rs 段为下列两点的连线:

r:20°09′29″N,110°17′52″E;

s:20°10′12″N,110°22′36″E。

2.1.3 西行船舶通航分道为 1 号、2 号分隔带与东西向定线制北界线之间的水域,宽为 1.3 海里;主交通流向为 261°(真方向)。

2.1.4 东行船舶通航分道为 2 号、1 号分隔带与东西向定线制南界线之间的水域,宽为 1.3 海里;主交通流向为 081°(真方向)。

2.2 南北向定线制

2.2.1 南北向定线制东界线由下列线段组成。

2.2.1.1 pr 段为下列两点的连线:

p:20°08′47″N,110°18′00″E;

r:20°09′29″N,110°17′52″E。

2.2.1.2 CD 段为下列两点的连线:

C:20°10′47″N,110°17′37″E;

D:20°11′11″N,110°17′33″E。

2.2.1.3　ce 段为下列两点的连线:

c:20°12′26″N,110°17′18″E;

e:20°13′08″N,110°17′10″E。

2.2.2　南北向定线制西界线由下列线段组成。

2.2.2.1　fh 段为下列两点的连线:

f:20°12′24″N,110°12′08″E;

h:20°11′42″N,110°12′16″E。

2.2.2.2　EF 段为下列两点的连线:

E:20°10′25″N,110°12′30″E;

F:20°10′01″N,110°12′35″E。

2.2.2.3　mo 段为下列两点的连线:

m:20°08′43″N,110°12′48″E;

o:20°08′01″N,110°12′56″E。

2.2.3　北行船舶通航分道为 7 号、4 号分隔带与南北向定线制东界线之间的水域,宽为 2.2 海里;主交通流向为 350°(真方向)。

2.2.4　南行船舶通航分道为 4 号、7 号分隔带与南北向定线制西界线之间的水域,宽为 2.2 海里;主交通流向为 170°(真方向)。

3. 警戒区

3.1　1 号警戒区为以地理位置 20°11′53″N,110°23′48″E 为中心,半径 2 海里的水域。

3.2　2 号警戒区为下列 4 点依次连线围成的水域:

c:20°12′26″N,110°17′18″E;

h:20°11′42″N,110°12′16″E;

m:20°08′43″N,110°12′48″E;

r:20°09′29″N,110°17′52″E。

3.3　3 号警戒区为以地理位置 20°09′15″N,110°06′14″E 为中心,半径 2 海里的水域。

4. 避航区

以地理位置 20°10′34″N,110°15′04″E 为中心,半径 0.2 海里的水域。

5. 边界线

5.1　东北边界线为下列两点的连线:

e:20°13′08″N,110°17′10″E;

d:20°12′37″N,110°17′16″E。

5.2　东南边界线为下列两点的连线:

q:20°09′18″N,110°17′54″E;

p:20°08′47″N,110°18′00″E。

5.3　西南边界线为下列两点的连线:

o:20°08′01″N,110°12′56″E;

n:20°08′32″N,110°12′50″E。

5.4　西北边界线为下列两点的连线:

g: 20°11′53″N,110°12′14″E;

f:20°12′24″N,110°12′08″E。

6. 沿岸通航带

6.1 东西向定线制北侧沿岸通航带为 a、d、e、L、K、f、g、j 地理位置点的连线与雷州半岛海岸线之间的水域。

6.2 东西向定线制南侧沿岸通航带为 k、n、o、P、O、p、q、t 地理位置点的连线与海南岛海岸线之间的水域。

6.3 船舶从沿岸通航带进入通航分道,应谨慎驾驶,从警戒区按照规定的主流向驶入。

7. 特别规定

7.1 不使用船舶定线制水域的船舶应远离船舶定线制水域。

7.2 使用南北向定线制的船舶,当受大风浪影响导致有航行危险而无法遵守船舶定线制时,应及时报告琼州海峡船舶交管中心,经批准后,可以不按照规定的主流航向航行。在此期间,使用东西向定线制的船舶,应服从琼州海峡交管中心的指挥,主动避让使用南北向定线制的船舶。

7.3 按规定应使用通航分道的船舶,如果仅使用沿岸通航带航行,应将航行的动态和意图报告琼州海峡船舶交管中心。

7.4 在定线制水域航行的船舶应遵守定线制的规定。

7.5 对不遵守定线制的船舶,由主管机关依据相关法律、法规进行处罚。

7.6 船舶不应穿越通航分道,如须穿越,应向琼州海峡船舶交管中心报告,经批准后,方可穿越。

# 琼州海峡船舶报告制* （试行）

1. 适用的船舶

适用本强制性船舶报告制的船舶为：

1.1　客船、客滚船；

1.2　200 总吨及以上的其他船舶；

1.3　200 总吨以下自愿加入本报告制的船舶。

2. 适用的地理范围及相关海图的编号及版本

地理覆盖范围是以木栏头灯塔(地理位置为 20°09′36″N,110°41′04″E)为圆心,22 海里为半径的圆弧线;临高角灯塔(地理位置为 20°00′38″N,109°42′42″E)和灯楼角灯塔(地理位置为 20°13′28″N,109°55′07″E)的连线以及琼州海峡岸线之间水域。

相关海图:中文版海图,图号为:15770、81401、81305。

3. 报告格式、报告内容、报告线、报告要求

3.1　报告格式

本船舶报告制格式采用 IMO A.851(20)号大会决议附则中所规定的格式。

3.2　报告内容

A　船名、呼号和国际海事组织编码(若适用)

C 或 D　位置(经纬度或相对于陆标的位置)

E　航向

F　航速

G　始发港

I　目的港

O　缺陷及限制(拖船应报告其拖带长度及被拖物名称)

U　总长及总吨

3.3　报告线

3.3.1　东报告线

以木栏头灯塔(地理位置为 20°09′36″N,110°41′04″E)为圆心,22 海里为半径向北、向东所画的圆弧与岸线连接的弧线。

3.3.2　西报告线

临高角灯塔(地理位置为 20°00′38″N,109°42′42″E)与灯楼角灯塔(地理位置为 20°13′28″N,109°55′07″E)的连线。

3.3.3　南报告线

木栏头灯塔(地理位置为 20°09′36″N,110°41′04″E)与 20°03′30″N,110°00′00″E 地理位置点的连线。

3.3.4　北报告线

---

*本报告制由交通部公告 2006 年第 42 号发布,2007 年 1 月 1 日起施行。

三墩灯浮(地理位置为20°12′06″N,110°05′24″E)与排尾角灯桩(地理位置为20°14′48″N,110°16′54″E)的连线。

3.4 报告要求

3.4.1 船舶进入报告制水域,除报告3.2项中的信息外,还应报告船舶国籍和船舶类型;船舶驶离该水域则不要求报告。

3.4.2 船舶驶离报告制水域内的港口时,应报告船名、船位、驶离时间及目的港。

3.4.3 在报告制水域内发生交通事故或污染事故时,船舶应立即向主管机关报告事故的种类、时间、地点、损害或污染的程度以及是否需要援助,并应按照主管机关的要求提供与事故有关的其他信息。

4. 主管机关、受理报告机关

4.1 主管机关为中华人民共和国海南海事局。

4.2 受理报告机关为“琼州海峡船舶交管中心”。

5. 向船舶提供的信息及应遵守的程序

5.1 琼州海峡船舶交管中心视情况为参加报告制的船舶提供船舶交通、异常天气情况及海上安全等信息。

5.2 船舶应在琼州海峡船舶交管中心指定的频率上保持守听。

6. 报告制要求的无线电通信、发送报告的频道和报告制使用的语言

6.1 琼州海峡船舶交管中心的工作频道

守听/呼叫频道:VHF08

工作频道:VHF25

6.2 报告制所用语言为汉语普通话或英语,无线电话通信应采用航海通信规定格式。

7. 支持报告制运行的岸基设施

7.1 琼州海峡船舶交管中心的系统组成有:雷达系统、VHF通信系统、信息处理及显示系统、信息传输、记录/重放系统、气象传感系统及AIS系统。其功能有:数据收集、数据评估与处理、信息提供、交通组织、助航服务、支持联合行动。

7.2 琼州海峡船舶交管中心保持24小时不间断值班。

8. 特别规定

8.1 使用南北向定线制的船舶,当受大风浪影响导致有航行危险而无法遵守船舶定线制时,应及时报告琼州海峡船舶交管中心,经批准后,可以不按照规定的主流航向航行。在此期间,航行于东西向通航分道的船舶,应主动避让航行在南北向通航分道的船舶,并服从琼州海峡交管中心的指挥。

8.2 按照规定应使用通航分道的船舶,如果仅使用沿岸通航带航行,应将航行的动态和意图报告琼州海峡船舶交管中心。

8.3 对不遵守本报告制的船舶,由主管机关依据有关法律、法规进行处罚。